»Fragen Sie Reich-Ranicki« – Die Rubrik der Frankfurter Allgemeinen Sonntagszeitung ist längst eine Institution geworden. Mit Spannung werden die Fragen und mehr noch die Antworten erwartet, die der Literaturkritiker jeden Sonntag seinen Lesern gibt, und natürlich betreffen sie die Literatur, die deutsche und die internationale, die klassische und die gegenwärtige, sie vor allem: »Welchen Roman von Joseph Roth sollte man unbedingt gelesen haben?« – »Von welchen großen Kritikern der Vergangenheit haben Sie viel gelernt?« – »Was halten Sie von der russischen Literatur des zwanzigsten Jahrhunderts?« – »Sollen wir von unseren Schriftstellern verlangen, daß sie ihre Ansichten zu aktuellen politischen Fragen öffentlich verkünden?« – »Was hätten Sie Thomas Mann gern gefragt?« – So lauten nur einige der Fragen, die als solche schon aufregende Antworten erwarten lassen.

Vom Februar 2003 bis heute sind inzwischen über 100 Kolumnen erschienen, mit Fragen der unterschiedlichsten Art, von Lesern aus allen Bevölkerungsgruppen, beantwortet mal knapp, mal ausführlich, stets präzise und persönlich, meist unverblümt und einfühlsam.

Die Sammlung der 99 interessantesten Fragen und Antworten, wie sie dieser Band vereinigt, darf durchaus eine kleine Literaturgeschichte und ein demoskopischer Spiegel des literarischen Lebens genannt werden; und sie zeigt eines gewiß: Die Begeisterung für Literatur ist – allen Bedenken zum Trotz – nicht nur auf der Seite des Antwortenden unvermindert groß.

insel taschenbuch 3188

Marcel Reich-Ranicki

antwortet auf 99 Fragen

# MARCEL REICH-RANICKI
# ANTWORTET AUF 99 FRAGEN

Herausgegeben von Hans-Joachim Simm
Mit einem Nachwort
von Volker Weidermann

Insel Verlag

Einbandfoto: Herlinde Koelbl / Focus


Druck: Ebner & Spiegel, Ulm
Printed in Germany
Erste Auflage 2006
ISBN 3-458-34888-3

1 2 3 4 5 6 - 11 10 09 08 07 06

*Inhaltsverzeichnis*

war er am Ende seines Lebens isoliert.« Geht es Ihnen ähnlich? Und wenn ja, warum?

51 • Würden Sie meinen Eindruck bestätigen, daß sich in der Literatur viel wiederholt und es eigentlich wenig Neues gibt?

53 • In Ihrem Aufsatz »Also spielen wir Theater« in der F.A.Z. vom 14. Juni äußern Sie sich über das Libretto als literarische Gattung und über die Arbeit des Librettisten beinahe geringschätzig. Ist das nicht ungerecht?

56 • Die Bücher von Rolf Dieter Brinkmann sind bereits seit Jahren vergriffen. Finden Sie, daß der Leserwelt hierdurch etwas entgeht?

59 • Kann man die Bedeutung des klassischen Werks eines fremden, gar fernen Landes allein durch die Lektüre erkennen, also ohne über den Autor informiert zu sein und ohne irgend etwas über das Land zu wissen, in dem das Buch entstanden ist?

61 • Welches Buch würden Sie auf eine einsame Insel mitnehmen?

62 • Warum wird Stefan Zweig von der Germanistik und der Literaturkritik so wenig gewürdigt beziehungsweise wahrgenommen und von den Lesern geliebt?

64 • Müssen Kritiker grausam sein?

67 • Manche sagen, Joseph Roth habe seine besten Bücher in seinen späten Jahren geschrieben, als er schon ein starker Trinker war. Stimmt das?

69 • Meine Kinder (Abitur 1986, 1990, 1995) haben im Deutschunterricht von Schiller nichts gehört oder gelesen, nicht einmal den »Tell« oder die »Glocke«. Eine Deutschlehrerin sagte mir, man könne Schiller den Schülern »nicht mehr nahebringen«. Glauben Sie das?

72 • Wie beurteilen Sie das Niveau der Feuilletons in unseren großen Zeitungen? – In Ihrem Gespräch im »Stern« vom 9. Oktober sagen Sie über das heutige Feuilleton: »Viele Artikel sind interessant, aber langweilig.« Wie soll man das verstehen?

74 • Woran erkennt man eine gute Literaturverfilmung?

77 • Was charakterisiert die vielgerühmte Literatur der Weimarer Republik?

79 • Ärzte als Romanfiguren gibt es bei Balzac, Fontane, Dickens, Zola, Tolstoi und vielen anderen. Nicht wenige berühmte Autoren waren selber Ärzte: Tschechow, Döblin, Schnitzler, Benn. Wie kommt es zu der eigenartigen Nähe von Literatur und Medizin? Ist es Zufall?

81 • Verliert man als Kritiker nicht irgendwann die Lust am Lesen? Ist das Lesen für Sie inzwischen nicht zu einer großen Last geworden?

84 • Wie schätzen Sie die Bedeutung des elsässischen Schriftstellers René Schickele ein? Ist das Vorhaben seines Lebens durch die deutsch-französische Versöhnung für heutige Leser uninteressant geworden?

86 • Wieso glaubt jeder Prominente (und Nicht-Prominente), seine Autobiographie schreiben zu müssen? Woher kommt dieses Schreibbedürfnis?

89 • Viele Autoren haben Sie durchgesetzt. Bei wenigstens einem sind Sie damit gescheitert: Hermann Burger liest heute kaum jemand. Ist das eine Niederlage von Ihnen? Oder haben Sie sich damals getäuscht?

92 • Darf ich Ihnen meinen neuen Roman zuschicken?

98 • Gibt es einen größeren Unternehmer unter deutschen Schriftstellern, als Goethe es war?

99 • Welche Bedeutung hat der Titel für das literarische Werk?

102 • Wie finden Sie sich jedes Jahr in der Flut der Neuerscheinungen zurecht? Wie wählen Sie die Bücher aus, die Sie lesen?

104 • War Golo Mann wirklich ein so großer Stilist, als den ihn jetzt, aus Anlaß der neu erscheinenden Biographie, alle rühmen?

106 • Wie stehen Sie zur DDR-Literatur, welche Schriftsteller der DDR schätzen Sie am meisten?

110 • Haben Sie selbst einmal Gedichte geschrieben? – Fontane nannte Theodor Storm einen der drei größten Lyriker nach Goethe. Teilen Sie diese Einschätzung?

112 • Was halten Sie von James Joyces »Ulysses«? Haben Sie ihn gelesen? Und mochten Sie ihn? Oder fanden Sie das Buch so unverständlich wie ich?

115 • Welchen literarischen Stellenwert haben die Romane Lion Feuchtwangers? In Ihrem Buch »Sieben Wegbereiter« kommt er nicht vor, und auch in »Mein Leben« behandeln Sie ihn nur am Rande.

118 • Nach Ricarda Huch wurden viele Schulen benannt. Über sie wurden nicht wenige Bücher geschrieben. Aber heute liest niemand mehr diese Autorin. Warum ist das so? Schätzen Sie Ricarda Huch?

120 • Wer ist der größte lebende amerikanische Autor? Wer hat den Nobelpreis am ehesten verdient?

123 • Wie stehen Sie zu den Werken Heimito von Doderers? Halten Sie eine Doderer-Renaissance für möglich? Schließlich galt er viele Jahre, wenn nicht Jahrzehnte, als einer der wichtigsten Schriftsteller deutscher Sprache.

126 • Was halten Sie von meinem Großonkel Erich Maria Remarque und seinem Buch »Im Westen nichts Neues«?

129 • Was sind nach Ihrer Meinung die Gründe dafür, daß Heinrich Mann in seiner zweiten Lebenshälfte keine guten Romane mehr geschrieben hat?

133 • Habe die Lektüre der Tagebücher von Thomas Mann enttäuscht aufgegeben. Muß ich wirklich lesen, wie sein Schlaf war, sein Frühstück und ob er den Spaziergang mit oder ohne Weste gemacht hat? Frage: Warum solch ein Unterschied zu seinen großartigen Romanen und Geschichten? Schrieb da ein anderer Mensch?

136 • Kann man russische Autoren (Dostojewskij, Tolstoi, Gontscharow) wirklich kennen, wenn man mangels russischer Sprachkenntnisse ihre Werke nur in einer Übersetzung lesen kann? Und ist es bei einer meisterhaften Übersetzung denkbar, daß sie besser ist als das Original?

137 • Welche Romane aus der ehemaligen DDR halten Sie heute noch für lesenswert?

139 • Was halten Sie von Graham Greene? Wie ließe sich dieser Schriftsteller charakterisieren?

142 • Ich erinnere mich an Ihre Äußerungen über englischsprachige Autoren. Dagegen ist mir nicht bekannt, daß Sie sich je über französische Romanautoren geäußert hätten. Irre ich mich?

144 • Wie stehen Sie zu Peter Hacks, dessen Schauspiel »Ein Gespräch im Hause Stein über den abwesenden Herrn von Goethe« Sie immerhin in den jetzt erschienenen Dramenteil Ihrer Kanonbibliothek aufgenommen haben?

147 • Sie haben wiederholt Shakespeares »Hamlet« und Kleists »Prinz von Homburg« zu den größten Dramen der Weltliteratur gezählt. Warum?

150 • In den dreißiger Jahren wurden Rudolf G. Bindings Bücher in Millionenhöhe gekauft und gelesen, zwei Novellen sogar verfilmt. Heute verstauben seine Prosa- und Gedichtbände in Antiquariaten – zu Recht? Sollte man einen Teil seines Werkes überhaupt noch retten?

152 • »Doktor Faustus« von Thomas Mann hat mir nach dem Kriege sehr geholfen, wesentliche Ursachen der deutschen Katastrophe zu verstehen. Wie würden Sie heute einen jungen Menschen motivieren, diesen Roman zu lesen?

154 • Macht das Lesen guter Bücher die Menschen besser?

156 • Vor ein paar Tagen habe ich gelesen, daß Gottfried Benn der »wohl bedeutendste deutsche Dichter des 20. Jahrhunderts« sei. Ich hatte bisher eher an Bertolt Brecht gedacht. Und Ihre Meinung?

158 • In der Gegenwart scheint eine einst geschätzte Kunstform leider (fast) ausgestorben zu sein – die Ballade. Haben Sie dafür eine Erklärung?

160 • Gibt es neuere russische Schriftsteller, die Sie zur Lektüre empfehlen?

163 • Ich habe in meiner Jugend die Dichtungen Klabunds geliebt, aber seit vielen Jahren keines seiner Bücher in der Hand gehabt. Sind sie immer noch liebenswert?

165 • Wie stehen Sie zum Werk von Alfred Andersch? Hat es eine wichtige Rolle in Ihrem Leben gespielt?

168 • Was kann und was soll ich tun, damit ich zeitgenössische Lyrik ohne fremde Interpretationshilfe verstehen und genießen kann?

169 • Warum werden auf deutschen Bühnen keine Gerhart-Hauptmann-Stücke mehr gespielt? Bedauern Sie das?

170 • Warum schreiben Schriftsteller immer über Schriftsteller? Finden Sie das auch mitunter etwas langweilig?

171 • Was halten Sie von Knut Hamsun, der viele gute Romane geschrieben hat und in den dreißiger Jahren der unseligen Partei Quislings beigetreten ist?

173 • Die Klasse unseres Enkelsohns im Sophie-Charlotte-Gymnasium, Berlin, las im Deutschunterricht Patrick Süskinds »Das Parfum«. Die Schüler waren begeistert. Die kluge Lehrerin setzte dann die Lektüre mit anspruchsvollen Büchern erfolgreich fort. In unserem Bekanntenkreis brach aber ein Entrüstungssturm los: »Das Parfum« sei eine viel zu grausame Lektüre für junge Leute. Teilen Sie diese Meinung?

175 • Vor rund vierzig Jahren haben Sie Sport und Literatur als »feindliche Brüder« charakterisiert, die sich gegenseitig auf Grund ihrer Ähnlichkeit ausschließen. Hat sich Ihr Verhältnis zum Thema »Sport und Literatur« inzwischen geändert, zumal ein Jahr vor der Fußball-Weltmeisterschaft in Deutschland?

178 • Sie haben in Ihrer letzten Sonntagsantwort geschrieben, der Bericht von Sportereignissen sei nicht Sache der Literatur, nicht der Schriftsteller, sondern der Journalisten. Was ist der Unterschied zwischen Literatur und Journalismus?

180 • Was unterscheidet die Produktion von »Nur-Schriftstellern« von solchen mit einem anderen – hauptsächlich oder nebenher – ausgeübten Beruf?

183 • Wie ließe sich das Werk des jüngst verstorbenen amerikanischen Romanciers Saul Bellow charakterisieren?

185 • Ihre Glosse zum 70. Geburtstag von Sarah Kirsch ist sehr schön, aber waren die herben Sätze am Anfang denn nötig?

187 • Warum mißlingen Erzählern Dramen?

189 • Zum wiederholten Male lese ich Georg Büchners wunderbares Fragment »Lenz«. Ich halte diesen Text schlicht und einfach für das beste Stück Prosa, das je in deutscher Sprache geschrieben wurde, noch vor Thomas Manns Novelle »Der Tod in Venedig«: Können Sie meine Euphorie vielleicht auch ein bißchen teilen?

# Marcel Reich-Ranicki antwortet auf 99 Fragen

*Wie beurteilen Sie das neue Buch von Judith Hermann »Nichts als Gespenster«?*

Die Prosa von Judith Hermann, also ihre Geschichtenbände »Sommerhaus, später« und »Nichts als Gespenster«, gehört zum Wichtigsten, was die deutsche Literatur unserer Jahre zu bieten hat. Diese beiden Bücher wurden, ohne daß die junge Autorin je davon geträumt, je es gewollt hätte, Ausdruck der Situation und der Stimmung beinahe einer ganzen deutschen Generation. Was um 1950 Böll mit seinen ganz frühen Geschichten, was um 1960 Ingeborg Bachmann mit ihrer Lyrik und was um 1970 Handke mit seinen literarischen Meutereien geleistet haben, das verdanken wir jetzt Judith Hermann.

Sie hat Glück gehabt: Es war, wie sie es in einigen Interviews gesagt hat, das »Literarische Quartett«, das dem bis dahin kaum wahrgenommenen Erstling von 1998 zum plötzlichen Triumph verholfen hat. Über das neue Buch haben einige unserer Kritiker geschrieben, die Hermann wiederhole sich. Das ist geradezu amüsant. Es wurde schon Homer, als er den Zweiten Gesang der Ilias vortrug, streng vorgeworfen. Und es wurde schon den frühen Büchern von Heine und Thomas Mann angekreidet, und man hätte es auch über Kafkas Bücher gesagt, wenn man ihre Existenz überhaupt bemerkt hätte.

Ja, es stimmt schon: Judith Hermann wiederholt sich, denn glücklicherweise verfügt sie über einen eigenen Stil und einen eigenen Ton. Unser Publikum, ungleich besser als sein Ruf, hat dies gleichsam auf Anhieb gemerkt: Beinahe 80 000

Exemplare des Buches »Nichts als Gespenster« wurden bereits verkauft. Ab morgen steht es auf dem ersten Platz der Bestsellerlisten des »Spiegels« und des »Focus«. Mich freut das außerordentlich.
Bei dieser Gelegenheit habe ich einen Ratschlag für Judith Hermann: Sie werden von schlechten Journalisten mit der Frage gelangweilt, was Sie jetzt planen. Man erwartet natürlich einen Roman. Ignorieren Sie diese Fragen und schreiben Sie als nächstes Buch einen Geschichtenband oder eine lange Erzählung oder ein Theaterstück oder vielleicht tatsächlich einen Roman. Kurz: Machen Sie, was Sie wollen, und lassen Sie sich von niemandem beirren, auch nicht von mir.

*Sollen wir von unseren Schriftstellern verlangen, daß sie ihre Ansichten zu aktuellen politischen Fragen öffentlich verkünden?*

Das Vorurteil ist sehr alt und besonders in Deutschland verbreitet: Schriftsteller seien befugt und verpflichtet, sich öffentlich zu aktuellen politischen Fragen zu äußern. Es gibt jedoch nicht den geringsten Anhaltspunkt für die Vermutung oder gar Überzeugung, daß Schriftsteller von Politik mehr verstehen als Juristen oder Geistliche, Journalisten oder Politiker.
Goethe hat die Rolle und die Bedeutung der Französischen Revolution überhaupt nicht begriffen. Von der Meinungsfreiheit, immerhin einem nicht unwichtigen politischen Problem, wollte er nichts wissen, er glaubte, sie wäre eher schädlich als nützlich. Als 1914 der Weltkrieg ausbrach, waren nahezu alle deutschen Schriftsteller für diesen Krieg – auch Thomas Mann, der sich mehrfach mit Entschiedenheit für

das Kaiserreich aussprach und der erst, als das Kaiserreich gestürzt war, die Republik befürwortete. Den Dichter Benn hat das »Dritte Reich« fasziniert, wenn auch nicht lange. Der Dichter Brecht war nie Kommunist, aber die Sowjetunion hat er sehr wohl unterstützt und besungen.
Woher rührt also das Vorurteil, das den Schriftstellern Fähigkeiten zuschreibt, die sie nie besessen haben? Sie sind tatsächlich anderen Bürgern, die öffentlich über Politik reden, hoch überlegen: In der Regel können sie, was sie zu sagen haben, ungleich besser als die anderen ausdrücken. Daher werden ihre Verlautbarungen lieber gelesen als die anderer Bürger. Überdies trägt ein prominenter Name zur Attraktivität der Äußerung bei. Das haben die Redakteure, die Umfragen über Politisches organisieren, natürlich längst gemerkt. Das Ergebnis: Wenn ein gesuchter Schriftsteller gerade telefonisch nicht erreichbar ist, dann suchen die Illustrierten Bergsteiger, Akrobaten, Fußballspieler oder Tänzerinnen.
Es versteht sich, daß die Schriftsteller ebenso wie alle anderen Bürger das Recht haben, uns ihre politischen Ansichten bekanntzumachen. Aber sie sollten nicht vergessen, daß zu der vom Grundgesetz garantierten Meinungsfreiheit auch das Recht gehört zu schweigen.
Und was wir uns von ihnen, den Schriftstellern, erhoffen, was wir von ihnen unentwegt erwarten, ist etwas ganz anderes. Ja, was denn? Nun, es sind gute Romane und Erzählungen, Gedichte und Theaterstücke.

*Ist Bölls Werk noch aktuell, was taugt es heute?*

Um es gleich zu sagen: Ein hochbedeutender Schriftsteller war er mit Sicherheit nicht, aber – und sehr zu Recht – eine der wichtigsten Figuren des literarischen Lebens nach dem Zweiten Weltkrieg. Bölls außerordentlicher Erfolg erreichte seinen Höhepunkt im Jahre 1972, als er den Nobelpreis erhielt – als erster Deutscher nach 1945, wie immer wieder betont wurde, was übrigens nicht ganz richtig war. Denn es erhielten ihn auch Hermann Hesse (1946) und Nelly Sachs (1966).

Jedenfalls wurde in den siebziger Jahren immer häufiger und nicht nur hinter vorgehaltener Hand das Mißverhältnis zwischen Bölls Erfolg und der Qualität seiner Bücher teils zornig, teils herablassend beklagt. Da spielten zwar Mißgunst und Neid eine nicht geringe Rolle, und doch darf man fragen: Läßt sich der Stilist Böll mit dem sprachgewaltigen Prosakünstler Günter Grass vergleichen? Können seine psychologischen Porträts neben jenen von Max Frisch bestehen? Gibt es unter seinen Romanen auch nur einen, den man Wolfgang Koeppens Meisterwerk »Tauben im Gras« an die Seite stellen könnte? Hat er je ein Buch geschrieben, dem sich die eindringliche, die bohrende Intensität der Prosa Thomas Bernhards nachrühmen ließe?

Gleichwohl hatte sein Erfolg gute Gründe. Seine frühen Romane und Geschichten spielen während des Krieges und in der ersten Nachkriegszeit. Aber der junge Böll zeigte nicht, wie die Menschen den Krieg machen, sondern was der Krieg aus den Menschen macht. Die Landser werden von konkreter und individueller Schuld freigesprochen und stets nur als Leidtragende, als Opfer dargestellt. Diesem Umstand vor allem verdankte Böll die Sympathie unzähliger deutscher

Leser, jener zumal, die während des Krieges die Uniform der Wehrmacht getragen hatten und denen es nun leicht gemacht wurde, sich mit einem Helden zu identifizieren, der einerseits alltägliches Schicksal erfährt und andererseits durchschnittliche Mentalität mit moralisch einwandfreier Haltung verbindet.

Auch in den späteren Romanen und Geschichten konfrontierte Böll das leidende Individuum mit einer zwar gänzlich veränderten, doch immer noch kalten und feindlichen Umwelt. Sein Blick blieb auf die Erniedrigten und Beleidigten gerichtet. Er bekämpfte, auch in vielen publizistischen Beiträgen, jede Form der institutionalisierten Machtausübung, er tat es bisweilen mit einer, wie er selber zugab, »Beimischung von Anarchie«.

Doch ist inzwischen das Werk Bölls zum großen Teil vergessen. Das gilt vor allem für die Romane, auch für die erfolgreichsten wie »Ansichten eines Clowns«, wie »Gruppenbild mit Dame«. Was wird nun von seinem umfangreichen Werk bleiben? Ich glaube: die frühen Geschichten, also etwa »Wanderer, kommst du nach Spa...«, »Der Mann mit den Messern« oder »Wiedersehen in der Allee«. Bleiben werden einige ausgezeichnete Humoresken, zumal die Satire »Doktor Murkes gesammeltes Schweigen«, eine hintergründige Parabel, die mir der Höhepunkt des Böllschen Werks scheint.

Seine rheinische Daseinsbejahung machte ihn zum Märtyrer ungeeignet, wie sein ungezwungener und direkter Habitus schwerlich an Repräsentation denken ließ. Eher ein Schalk als ein Märtyrer, wurde er doch zur Zielscheibe unzähliger Attacken, zum Winkelried der deutschen Literatur jener Jahre. Eher ein stiller Beobachter und schmunzelnder Zeitkritiker, sah er sich gleichsam über Nacht in der Rolle eines Repräsentanten, eines Praeceptor Germaniae. Einen solchen

Lehrmeister hatte Deutschland, hatte die Welt noch nie gesehen.

*Was zeichnet einen Schriftsteller wie Philip Roth aus, der nicht nur Begeisterung bei Literaturkritikern auslöst, sondern gleichzeitig ein Bestsellerpublikum anspricht?*
*Was unterscheidet amerikanische von europäischen Schriftstellern?*

Mehrere Leser fragen mich nach dem amerikanischen Schriftsteller Philip Roth, dessen vorerst letzten Roman, »Das sterbende Tier«, ich unlängst in der F.A.Z. nicht nur befürwortet, sondern auch geradezu gerühmt habe.
Die Frage zielt auf eine zentrale Eigentümlichkeit der amerikanischen Literatur ab. Von Anfang an zeigten sich ihre wichtigsten Vertreter als höchst empfänglich für verschiedene Einflüsse der europäischen Kunst. Aber doch gingen sie ihren eigenen Weg – übrigens nicht immer ganz freiwillig. Denn sie waren dazu gezwungen, oft aus rein materiellen Gründen. Kurz gesagt: Sie mußten die Bedürfnisse auch derjenigen ihrer Leser berücksichtigen, deren ästhetische und intellektuelle Maßstäbe und Erwartungen sich eher in bescheidenen Grenzen hielten.
Beispielhaft ist in dieser Hinsicht einer der größten, der nach wie vor unübertroffenen amerikanischen Schriftsteller: Edgar Allan Poe, der von 1809 bis 1848 lebte. Eigentlich wollte er sich vor allem der Lyrik widmen, doch rasch wandte er sich der Prosa zu. Anders als manche unserer heutigen Autoren hat er gründlich den Markt studiert. Ihm fielen natürlich die damals modernen Schreckensgeschichten auf. Aber er hat sie nicht nur verspottet, sondern auch perfektioniert, er hat die

Detektiverzählung erfunden und zu einem nicht geringen Teil auch die Kurzgeschichte.
Seit Edgar Allan Poe ist es für amerikanische Romanciers und erst recht für die Dramatiker ganz selbstverständlich, sich nach dem Markte zu richten und – das ist das Entscheidende – dabei das Ihre an den Mann zu bringen und es, versteht sich, auch auf ihre besondere Weise auszudrücken. Von wenigen Ausnahmen abgesehen, sind die bedeutenderen amerikanischen Autoren nach wie vor typische Volksschriftsteller. Sie vergessen nie, was die meisten Menschen veranlaßt, ins Theater zu gehen oder Romane zu lesen: Es ist der Unterhaltungstrieb.
Töricht wäre es, Saul Bellow und Norman Mailer, John Updike und Gore Vidal, Joyce Carol Oates und schließlich Philip Roth unter einen Hut zu zwängen. Doch was immer diese Autoren voneinander trennen mag, sie verlieren nie das Publikum aus dem Blick. Und sie sind, ob es uns gefällt oder nicht, allesamt bereit, den Lesern in angemessenen Grenzen entgegenzukommen.
Über die Wege und Irrwege des Romans im zwanzigsten Jahrhundert wissen sie genau Bescheid. Die meisten von ihnen schätzen und bewundern den »Ulysses« von James Joyce. Aber in ihrer schriftstellerischen Praxis halten sie sich nicht an diesen bahnbrechenden Roman, sondern eher an Henry James, der beides in einem war: ein traditioneller Erzähler und ein Meister der modernen Psychologie.
Das gilt auch für Philip Roth, der eine Kunst beherrscht, die in unserer Literatur mittlerweile Seltenheitswert hat: er kann geistreich und zugleich amüsant erzählen. Mehr noch: Seine scharfe Intellektualität mindert niemals seine ursprüngliche Vitalität. Er vermag sein künstlerisches Temperament zu kontrollieren, ohne es zu beeinträchtigen. Deshalb wird die Zahl seiner Leser immer größer.

*Warum geraten Autoren, die doch wohl nicht ohne Grund erfolgreich und berühmt waren, in Vergessenheit? Dieser oder jener Schriftsteller, einst viel und heftig diskutiert, wird heute nicht einmal erwähnt? Warum?*

Solche Fragen werden mir jetzt auffallend häufig gestellt, und der Befund, der ihnen zugrunde liegt, ist in der Regel nicht falsch. Auch kann ich das Bedauern, das bisweilen in Ratlosigkeit übergeht, durchaus verstehen. Sofern ich die Bücher, denen nachgetrauert wird, kenne, will ich versuchen, die Frage zu beantworten.

Zunächst einmal: Niemandem braucht man zu erklären, daß Literatur vergänglich ist und daß viele Werke, die vor hundert oder gar zweihundert Jahren eine starke Wirkung ausübten, inzwischen verblaßt sind. Dieser unvermeidliche Prozeß ist in den einzelnen Gattungen der Literatur von sehr unterschiedlichen Umständen abhängig, keineswegs nur von der Qualität der jeweiligen dichterischen Texte.

Gedichte halten sich am längsten, jedenfalls in der deutschen Literatur. Dazu hat früher der Deutschunterricht in den Schulen viel beigetragen – und es mag sein, daß es diesen günstigen Einfluß der Schulen in Grenzen auch heute noch gibt. Eine wichtige Rolle spielen Anthologien, die Hunderte von Gedichten bedeutender Autoren den Lesern ersparen und ihnen statt dessen aus dem Werk dieser Poeten zehn oder zwanzig besonders schöne Gedichte empfehlen. Das Wichtigste aber: Gedichte verdanken ihre Existenz im Bewußtsein des Publikums in sehr vielen Fällen der Musik. Und dies ist nirgends so wichtig und erfolgreich wie in Deutschland. Vieles wäre längst vergessen, wenn wir nicht herrliche Vertonungen deutscher Poesie von Beethoven, Schubert, Schumann, Mendelssohn-Bartholdy, Hugo Wolf, Gu-

stav Mahler oder Richard Strauss hätten. Davon profitieren die Lyriker vor allem des neunzehnten Jahrhunderts.
Dem Drama hilft das Theater. Manche alten Stücke behandeln Themen, die uns heute nicht sonderlich angehen und die man dennoch hier und da wieder aufführt. Sie werden von Intendanten und Regisseuren aus einem einfachen Grund bevorzugt: Aus diesen Stücken lassen sich amüsante Spektakel machen, denn sie bieten gute, dankbare Rollen.
Und wie ist es mit der in unserer Zeit beliebtesten literarischen Form, mit dem Roman? Es fällt mir auf, daß die meisten Leseranfragen, die über die Vergänglichkeit der Literatur klagen, als bedauerliche Beispiele eben Romane nennen. Was steckt dahinter? Damit werden wir uns bei nächster Gelegenheit befassen.

*Warum geraten Romane beinahe immer schnell in Vergessenheit? Warum wird zum Beispiel Wilhelm Raabe vom Publikum heute nicht mehr gelesen?*

Die meisten Leser, die in ihren Fragen über die Vergänglichkeit der Literatur klagen, berufen sich auf Romane. In der Regel werden Titel genannt, die vor vierzig oder fünfzig Jahren oder nur wenig früher erschienen sind, damals viel gelesen und häufig diskutiert wurden und heute, so heißt es immer wieder, aus unbegreiflichen Gründen gänzlich vergessen seien. Ich habe viel Verständnis für diese Fragen, nur sind sie bloß teilweise richtig.
Um wen geht es? Um Max Frisch, Hermann Hesse, Robert Musil, Wolfgang Koeppen, Heinrich Böll, Anna Seghers, Ernst Jünger, Alfred Döblin und gelegentlich auch um früh verstorbene jüngere Autoren wie Thomas Bernhard, Uwe

Johnson oder Hermann Burger. Lebende deutsche Schriftsteller, die jetzt natürlich der älteren Generation angehören, habe ich hier nicht erwähnt – um sie zu schonen. Aber auch deren Bücher, etwa aus den sechziger Jahren des vorigen Jahrhunderts, sind beinahe alle aus dem Bewußtsein unseres Publikums verschwunden.

Daß es individuelle und sehr unterschiedliche Fälle sind und daß man sich daher hüten muß, sie unter einen Hut zu zwängen, versteht sich von selbst. Doch haben sie auch manches miteinander gemein. Die Dauerhaftigkeit eines Romans ist sehr begrenzt. Die meisten, auch solche aus der Feder bekannter und anerkannter Autoren, leben heutzutage, wenn es gutgeht, ein Jahr oder gar zwei. Dann gibt es noch eine bescheidene Wiedergeburt als Taschenbuch, meist nur für mehrere Monate. Und wenn es nicht Meisterwerke sind, die neue Leser finden, verschwinden diese Titel ganz und gar. Ja, das stimmt, aber werden sie vergessen? Ich bin nicht sicher.

Ich erinnere mich an einzelne Szenen und Figuren aus Romanen, die mich nicht gar zu tief berührt haben, die sich aber doch in meinem Gedächtnis aus irgendwelchen Gründen einzuprägen vermochten – vielleicht deshalb, weil ich glaubte, in ihnen allerlei aus meinem Leben wiedergefunden zu haben. Ich bin zu diesen Büchern in der Regel nicht mehr zurückgekehrt. Also doch vergessene Romane? Man sollte wohl lieber sagen: verdrängte Romane. Verdrängt von besseren, schöneren, wichtigeren Büchern? Nicht unbedingt, aber von Büchern, die, so hoffen viele Leser, Neues, Überraschendes bergen, die ein Lebensgefühl ausdrücken oder auch nur andeuten, in dem viele zum ersten Mal erkennen, was sie bisher in der Literatur nicht gefunden hatten: ihr eigenes Lebensgefühl. Kurz und gut: Bücher der nächsten Generation. Und auch sie werden nach einiger Zeit verdrängt werden.

War das schon immer so? Ja, aber früher dauerte dieser Prozeß länger. Auch damals war das Publikum, das Unterhaltung suchte, auf den Roman angewiesen, und zwar in noch viel höherem Maße als heute. Weil es jetzt noch ein anderes Unterhaltungsmedium gibt: das Fernsehen. Dem jetzt üblichen Klagelied möchte ich mich hier nicht anschließen. Nur soviel: Was die großen Komponisten für den Erhalt des deutschen Gedichts des neunzehnten Jahrhunderts getan haben und was das Drama dem Theater verdankt, das verdankt der Roman nicht so selten dem Film und dem Fernsehen. Also seiner Konkurrenz? So ist es, in Grenzen freilich.

Filme unterschiedlicher Art und Qualität haben bedeutenden Romanen der letzten (mindestens) hundert Jahre zu neuen, zu überraschenden Erfolgen verholfen. Hier einige Beispiele: Fontanes »Effi Briest« und »Stechlin«, Heinrich Manns »Professor Unrat« (»Der blaue Engel«), Robert Musils »Verwirrungen des Zöglings Törleß«, Alfred Döblins »Berlin Alexanderplatz«, Joseph Roths »Radetzkymarsch«, Anna Seghers' »Siebtes Kreuz« bis hin zu »Homo faber« von Max Frisch und zur »Blechtrommel« von Günter Grass. Und daß der dreiteilige Film »Die Manns« von Heinrich Breloer auf die Lektüre der Bücher dieser Familie einen enormen Einfluß ausgeübt hat, läßt sich leicht nachweisen.

Der Roman ist nach wie vor die populärste Gattung der Literatur. Das hat auch damit zu tun, daß es, wenn man so sagen darf, zugleich die liberalste Form ist. Denn was ein Roman ist, entscheiden immer noch jene, die ihn schreiben. In den sechziger und siebziger Jahren waren in der Bundesrepublik Umfragen und Diskussionen modern, die gern betitelt wurden: »Stirbt der deutsche Roman?« Diese Diskussionen sind aus der Mode gekommen, glücklicherweise. Die Romangattung aber ist, allen ihren Schwächen zum Trotz, beliebt und modern geblieben.

*Warum haben Sie nie über Ernst Jünger geschrieben?*

Jawohl, es stimmt. Seit über einem halben Jahrhundert schreibe ich über deutsche Literatur, zumal des zwanzigsten Jahrhunderts. Aber nie habe ich eine Kritik über ein Werk von Jünger veröffentlicht, nie habe ich versucht, ein Porträt von ihm zu skizzieren oder mich mit seiner Gedankenwelt auseinanderzusetzen. Diese Welt interessiert mich nicht, sie ist mir vollkommen fremd, ja, ich empfinde vieles in seinem Werk als abstoßend.

Spricht es nun gegen einen Kritiker, wenn er es für richtig hält, in einem solchen Falle zu schweigen? Offenbar wird mein Schweigen seit vielen Jahren gehört und mißbilligt. Denn immer häufiger werde ich gebeten, wenn mich nicht zu rechtfertigen, so doch meine Gründe zu erklären. Jetzt werde ich wieder mit diesem Fall bedrängt. Also gut: Ich gebe nach, ich schreibe heute zum ersten und zum letzten Mal über Ernst Jünger.

Er, der von 1895 bis 1998 lebte, gehörte zu den großen Streitfällen der Nation, auch im Ausland wurde er beachtet, zumal in Frankreich. Um auf sein wichtigstes Thema zu verweisen, genügt es, einige seiner Buchtitel aufzuzählen: »In Stahlgewittern«, »Der Kampf als inneres Erlebnis«, »Feuer und Blut«, »Krieg und Krieger«, »Die totale Mobilmachung«.

Jünger hatte die Kraft und die Kühnheit, den Ersten Weltkrieg zu zeigen, wie er wirklich war. Nein, er hat nichts beschönigt, er hat seine Leser nie geschont. Aber er hatte auch die Unverfrorenheit, den Krieg zu feiern und zu preisen, ihn als elementaren und vollkommenen Ausdruck des Lebens zu rühmen. Der Krieg habe eine reinigende und läuternde, eine erhebende und letztlich, ja, eine beglückende Funktion.

Der Krieg – erklärte er stolz – »hat uns gehämmert, gemeißelt und gehärtet zu dem, was wir sind«. In Jüngers Sicht bewährt sich das Individuum nur im Kampf. Die Aufklärung hat er verspottet, die Humanität höhnisch ignoriert, die Zivilisation abgelehnt oder zumindest in Frage gestellt. 1925 schrieb er: »Ich hasse die Demokratie wie die Pest.«

Einer der wichtigsten Begriffe seiner Welt lautet »Rausch«. Gleich am Anfang seines ersten Buchs, der »Stahlgewitter«, heißt es: »Da hatte uns der Krieg gepackt wie ein Rausch.« Immer wieder ist bei Jünger vom Rausch die Rede, zu dem ihm oft auch Drogen verhelfen müssen. Alles Rationale wird von ihm konsequent verworfen und dem Magischen untergeordnet.

Er gefiel sich als ein hochmütiger Herrenmensch, er verstand sich als Repräsentant einer Elite und als aristokratischer Volksverächter, als gestrenger Zuchtmeister der Deutschen. Was Jünger verkündete, reicht von der konservativen Revolution bis zum heroischen Nihilismus. Er war ein fataler Metaphysiker in Offiziersuniform und zugleich und vor allem ein Barde der Barbarei.

War Jünger ein Nazi? Sicher ist: Er beteuerte, die Nazis hätten ihm nicht gefallen. Bei ihnen störte ihn vor allem das Plebejische, das Pöbelhafte. Der »Völkische Beobachter« schien ihm nicht der angemessene Publikationsort für seine Schriften zu sein. Aber wenn er auch kein Nazi war, so gehört er doch zu den wichtigsten Wegbereitern des »Dritten Reichs«. Hitler hatte ihm viel zu verdanken gehabt. Unter allen deutschen Schriftstellern der Weimarer Republik hat vermutlich keiner einen so starken und verheerenden Einfluß auf die junge Generation ausgeübt wie der snobistische Landsknecht und elegische Zyniker Ernst Jünger, der die Synthese von Ästhetizismus und Terror verkündete.

Übrigens: Um die Literatur seiner Epoche wollte er sich nie kümmern. 1973 hat er in einem Interview trotzig erklärt, sein Interesse für die deutsche Literatur reiche bis zum Jahr 1888, in dem Nietzsches »Ecce homo« veröffentlicht wurde. Doch läßt sich nicht bezweifeln, daß Jüngers frühe Bücher, also die aus den zwanziger Jahren, sich durch eine zwar sehr trockene, doch ebenso sachliche wie genaue, an den Höhepunkten auch anschauliche Diktion auszeichnen.

Das gilt in erster Linie für die »Stahlgewitter«. Dieses schon 1920 veröffentlichte »Tagebuch eines Stoßtruppführers« (so der Untertitel) war, das sei nicht vergessen, das erste aufschlußreiche und auch erschütternde Buch über den Weltkrieg. Doch nur in seinen frühen Büchern kann Jünger als Stilist von Rang gelten, in den späteren fällt die Neigung zu Redseligkeit auf und, immer häufiger, zu Nachlässigkeiten.

Neben den »Stahlgewittern« und immerhin viel beachteten mehrbändigen Tagebüchern hat er mit einem einzigen Buch einen erstaunlichen Erfolg erzielt – mit einem allegorisch-visionären Werk, dem Roman »Auf den Marmor-Klippen«. 1939 in Deutschland erschienen, wurde er von manchen Lesern als eine verhüllte Anklage des Nationalsozialismus gedeutet, als ein Buch gegen Hitler. Mit dem im Mittelpunkt stehenden Oberförster habe Jünger Hermann Göring gemeint, andere glaubten, die Figur ziele auf Hitler oder Stalin ab.

Jünger selber hat nach 1945 alle derartigen Kommentare seines Buches entschieden dementiert. Der Roman sei »aus dem Traum eines Abends entstanden, wo ich mehr als üblich getrunken hatte«. Die Bedeutung der »Marmor-Klippen« breite sich – so Jünger – »auf eine ganze Epoche aus«. Was uns also viele als kühnen Protest gegen das »Dritte Reich« anpreisen wollten, wurde vom Autor selber nur als unbewußte Reaktion bezeichnet.

Intensiver als sein Werk war seine Persönlichkeit. Einst von vielen geachtet und geschätzt, wurde Jünger mit der Zeit zum Idol. Jetzt ist seine schillernde und zwielichtige Figur der Diskussion entrückt. Ich glaube nicht, daß seine Prosa noch viele Leser finden wird, aber man wird ihn nicht vergessen. Denn wie immer man ihn beurteilt – eine ungewöhnliche Figur der deutschen Geistesgeschichte, der deutschen Literatur war Ernst Jünger mit Sicherheit. Aber niemand wird mich zwingen, diese Prosa ohne Ironie, ohne Charme, ohne Humor noch einmal zu lesen.

Reicht das? Darf ich mich setzen?

*Ist Ihre jetzt erscheinende Kanonbibliothek der deutschen Literatur auch für Jugendliche geeignet?*

*Warum ist Arthur Schnitzler in Ihrem Kanon nicht zu finden?*

Literatur für Kinder wird benötigt und hat eine wichtige, vornehmlich erzieherische Aufgabe. Mit ihr beschäftigen sich – ob das nun gut ist oder nicht – in erster Linie nicht Literaturkritiker, sondern Pädagogen. Ich jedenfalls habe nie über Kinderbücher geschrieben, ich verstehe von dieser Literatur nichts.

Und Bücher für Jugendliche? Die gibt es schon seit dem 16. Jahrhundert, und sie werden auch heute reichlich geschrieben und gedruckt und gewiß von vielen Mädchen und Jungen gebraucht und akzeptiert. Doch hier bin ich wieder ratlos. Auch ich habe diese Bücher, als ich zwölf oder dreizehn Jahre alt war, viel gelesen und bald (von wenigen Ausnahmen wie Karl May abgesehen) wieder rasch vergessen. Ist die Literatur, geschrieben für Jugendliche, wirklich notwendig? Im Alter von, sagen wir, vierzehn oder fünfzehn Jahren können intelligente junge Menschen schon sehr wohl die gleichen Bücher lesen wie die Erwachsenen. Mir leuchtet nicht ein, daß Romane von Fontane oder Hermann Hesse oder Novellen von Storm oder Gottfried Keller die jungen Leser überfordern. Andererseits ist alles, was bedeutende Schriftsteller – Mörike etwa, Hauff oder Brentano – für Jugendliche verfaßt haben, ebenso für Erwachsene geeignet. Ich glaube, daß diese Trennungslinie überflüssig ist und in den meisten Fällen die Jugendlichen unterschätzt.

Das gilt auch und erst recht für die neue Kanonbibliothek der deutschen Literatur, die ich zur Zeit im Auftrag mehrerer Verlage erstelle. Sie besteht aus fünf Teilen, von denen jeder mehrere Bände umfaßt. Die Teile enthalten Romane, Erzählungen, Gedichte, Dramen und Essays. Bisher ist der erste Teil dieser Bibliothek erschienen: mit 20 Romanen in 20 Bänden, von Goethe und E. T. A. Hoffmann bis zu Frisch, Grass und Thomas Bernhard.

Was unsere Kanonbibliothek von allen vergleichbaren Entwürfen aus der Vergangenheit unterscheidet, ist ihr Adressat: Dies soll ein Kanon für Leser sein – und somit natürlich auch für Jugendliche, ja gerade für Jugendliche, solche zumal, die sich für Literatur interessieren und Hilfe brauchen. Mit welchen Schriftstellern sollen sich junge Menschen befassen, welche Bücher auswählen? Ein wenig hilft die Schule, die aber in unseren Tagen leider sehr wenig Zeit für den Deutschunterricht hat. Das Angebot ist doch riesig, wer sich in einer größeren Buchhandlung umsieht, ist oft eher verwirrt als belehrt.

Woher sollen denn Jugendliche wissen, welcher Roman von Heinrich Mann, Robert Musil oder Anna Seghers für sie besonders geeignet ist? Die Kanonbibliothek will niemandem sagen, was er lesen muß, wohl aber empfiehlt sie Bücher, die zu lesen lohnt, die nicht nur interessant, sondern in den meisten Fällen auch amüsant sind.
Einer der unterhaltsamsten deutschsprachigen Schriftsteller fehlt allerdings im Romanteil des Kanons: der große Österreicher Arthur Schnitzler. Ich schätze und liebe ihn seit meiner Jugend. Ich habe ihn nicht vergessen. Nur ist Schnitzler ein Autor von wunderbaren Dramen und Erzählungen, während seine wenigen Romane eher unerheblich sind. Im Kanonteil mit den Dramen wird Schnitzler so stark repräsentiert sein wie nur noch ein einziger Stückeschreiber des 20. Jahrhunderts, wie Brecht, nämlich mit drei Bühnenwerken. Und im Kanonteil mit den Erzählungen werden die Leser sechs Titel von Schnitzler finden. Mehr Erzählungen wird es in diesem Teil der Kanonbibliothek nur von zwei Autoren geben – von Thomas Mann und Kafka. Der Briefschreiber aus Augsburg, der mich in Sachen Schnitzler freundlich ermahnt, wird zugeben, daß ihm in unserer Kanonbibliothek kein Unrecht geschieht.

## *War die »Gruppe 47« antisemitisch?*

Eine »Gruppe 47« hat es nie gegeben. Aber was man fälschlicherweise als »Gruppe« bezeichnet, das gab es schon, und es spielt in der Geschichte der deutschen Literatur nach 1945 eine ungewöhnliche Rolle.
Die »Gruppe 47« – das waren unter diesem Namen einmal jährlich stattfindende Schriftstellertreffen, die man »Tagun-

gen« nannte. Es kamen, zumal in den letzten Jahren, siebzig oder achtzig oder noch mehr deutschsprachige Autoren, von denen etwa zwanzig bis fünfundzwanzig neue Prosastücke oder Gedichte vorlasen. Nach jeder Lesung wurde das Gebotene sofort diskutiert, jeder Anwesende konnte sich zu dem Text äußern, doch redeten am häufigsten die Berufskritiker. Der Autor mußte die Kritik unwidersprochen hinnehmen.
Kann man von einer Organisation sprechen? Wohl nicht, denn die »Gruppe 47« hatte weder eine Satzung noch einen Vorstand, sie war kein Verband, kein Verein, kein Klub und keine Gesellschaft. Eine Mitgliederliste gab es nicht. Neugierige Interviewer wurden von dem Gründer und Chef der »Gruppe«, dem Romancier und Journalisten Hans Werner Richter, freundlich belehrt: »Wer Mitglied ist, weiß nur ich, aber ich sage es niemandem.«
Tatsächlich betrug der feste Stamm höchstens die Hälfte der Teilnehmer, einschließlich der Kritiker und der (nicht wenigen) Berichterstatter von der Presse und vom Rundfunk. Die anderen waren ein- oder zweimal dabei und erschienen nicht wieder: teils, weil sie nicht mehr eingeladen wurden, teils, weil sie den Spaß an der Sache verloren hatten. Das Wort »Gruppe« ist also mißverständlich, denn es suggeriert eine literarische Richtung, eine Schule oder Strömung. Davon konnte nie die Rede sein. Besser wäre es gewesen, man hätte einen Namen wie »Forum 47« gewählt oder »Studio 47« oder »Arena 47«.
Alles in allem war diese »Gruppe 47« kein Phänomen der Literatur, vielmehr ein Phänomen des literarischen Lebens in Westdeutschland nach dem Zweiten Weltkrieg. Sie war ein Sammelbecken, ein drei Tage im Jahr existierendes Zentrum der deutschsprachigen Literatur. Sie war eine dringend benötigte Probebühne und eine alljährliche Modenschau –

nützlich sowohl für die Autoren als auch für die Verleger. Ihren Ruf und Ruhm verdankte die »Gruppe« einer Anzahl von Schriftstellern, die man in den fünfziger Jahren noch wenig oder überhaupt nicht kannte, die aber nach ihrer Lesung auf einer »Gruppen«-Tagung rasch zu den Erfolgreichsten in Deutschland gehörten – so Heinrich Böll, Ingeborg Bachmann, Günter Eich, Hans Magnus Enzensberger, Günter Grass, Peter Weiss, Martin Walser und viele andere. Daß die Tagungen zwanzig Jahre allerlei Krisen überwinden und weiterhin stattfinden konnten, war Richters Geschick und Energie zu verdanken. Aber auch einem anderen Umstand: Richter weigerte sich hartnäckig, die »Gruppe 47« auf irgendwelche Thesen oder gar auf ein Programm festzulegen.

Nun hörte man in letzter Zeit, in der »Gruppe 47« habe es antisemitische Tendenzen gegeben, es seien mehr oder weniger deutliche antisemitische Vorstellungen und Klischees zum Vorschein gekommen. Ich bin, einst von den nationalsozialistischen Behörden deportiert, 1958 nach Deutschland zurückgekehrt und war noch im selben Jahr bei der Tagung der »Gruppe 47« in Großholzleute im Allgäu als Kritiker dabei – und dann bei allen Tagungen bis zur letzten, im Oktober 1967, im Gasthaus »Pulvermühle« im Frankenland.

Meine Biographie hat es mit sich gebracht, daß ich für antisemitische Regungen, und seien es auch nur vorsichtige Anspielungen, besonders empfänglich bin. Dickhäutigkeit wurde mir in dieser Materie noch nie vorgeworfen, wohl aber gelegentlich – und, wie ich meine, sehr zu Unrecht – Überempfindlichkeit.

Wie auch immer: Ich habe während der Tagungen nicht die geringsten antisemitischen Äußerungen wahrgenommen. Es haben in diesen Jahren nicht wenige Autoren jüdischer Herkunft an der »Gruppe 47« teilgenommen: so Peter Weiss, Ilse

Aichinger, Wolfgang Hildesheimer, Erich Fried, Günter Kunert, Jakov Lind, Hans Mayer und andere. Ich habe mich natürlich mit allen in den vielen Tagungspausen unterhalten, oft war – wen könnte dies wundern? – von Juden die Rede. Ich kann mich nicht erinnern, daß sich einer dieser Kollegen über Antisemitisches auf den Tagungen der »Gruppe 47« je beklagt hätte.

Es stimmt aber, daß man auf diesen Tagungen niemals über Juden und den Holocaust diskutiert hat. Es wurde auch nicht über Hitler und den verlorenen Krieg, über die Teilung Deutschlands oder über den Kommunismus debattiert. Das hatte einen einfachen Grund: Diskussionen über allgemeine, zumal über politische und zeitgeschichtliche Themen waren nicht üblich, ja sogar verboten. Man durfte nur über den gerade vorgelesenen literarischen Text sprechen, man hatte ganz eng am Gegenstand zu bleiben. Alle hielten sich an diese Regel.

Es wird viel Unsinn über die »Gruppe 47« verbreitet. Warum? Vor allem, weil die Germanisten und Journalisten, die sich über dieses Thema verbreiten, meist keine Ahnung von den Fakten haben und sich nicht die Mühe geben, die noch lebenden Zeugen (noch sind es nicht wenige) zu befragen. Sie schreiben über die »Gruppe 47«, als sei ihre Zeit von uns so weit entfernt wie der Siebenjährige Krieg.

*In Norwegen wird Ibsen als der bedeutendste Dichter nach Shakespeare gefeiert. Goethe folgt dort erst an dritter Stelle. Wie beurteilen Sie diese Einschätzung?*

Das stört mich, wenn es denn wirklich zutrifft, überhaupt nicht, aber ich freue mich, daß die Lehrerin aus Königstein diese Frage gestellt hat. Denn sie berührt einen wichtigen Aspekt der Literaturbeurteilung.

Die Russen halten für den größten Romancier der Welt entweder Tolstoi oder Dostojewski, die Franzosen aber Balzac oder Flaubert, die Spanier Cervantes. Die Russen meinen, der beste Lyriker aller Völker sei doch wohl Puschkin, die Deutschen sind eher geneigt, hier an Goethe zu glauben. Für die Italiener ist Dante der erste Poet aller Zeiten. Der bedeutendste Lustspielautor ist für die Franzosen Molière, für die Italiener Goldoni und für die Russen Gogol.

Die Polen sind sicher, daß ihr Landsmann Adam Mickiewicz zu den weitaus besten europäischen Dichtern zumindest des neunzehnten Jahrhunderts gehört. In Deutschland kennt kaum jemand den Namen Mickiewicz. Auch Petöfi, auf den die Ungarn stolz sind, ist außerhalb seiner Heimat nicht bekannt.

Die so unterschiedlichen Urteile haben, generell und vergröbernd gesprochen, zwei Gründe. Da ist zunächst die Frage der Übersetzbarkeit literarischer Werke. Hervorragende Romane, Erzählungen oder Prosadramen mögen durch die Übersetzung in eine andere Sprache viel von ihrer Qualität, von ihrem Reiz einbüßen.

In der Regel bleibt jedoch genug, um diesen Werken im Ausland den Weg zu bahnen. Mehr noch: Sie können sogar in schwachen, ja bisweilen in ganz schlechten Übersetzungen bewundernswert sein.

Dostojewski hat trotz schlechter Übersetzungen sofort die deutschen Leser erobert. Die Polen schätzten die »Buddenbrooks« sehr, obwohl der Roman lange Zeit nur in einer ganz und gar unzulänglichen Übersetzung zu haben war. Die Stücke von Tschechow sind in der ganzen Welt, was immer die Übersetzungen taugen mögen, außerordentlich erfolgreich.

Wie aber ist es um die Lyrik in fremden Sprachen bestellt? Wenn der sprachliche Reiz der Verse Hölderlins oder Petrarcas oder Shelleys entfällt, was taugt dann diese Poesie? Reden wir offen: so gut wie nichts. Große Lyrik ist unübersetzbar – doch sicherheitshalber fügen wir noch rasch hinzu: meistens.

Ein ganz anderer Aspekt hat mit dem Patriotismus zu tun. Der mag ja etwas sehr Schönes sein und muß nicht unbedingt zum Nationalismus führen. Als aber neulich ein ehrenwerter Kollege während des Abendessens stolz und laut verkündete: ich bin ein deutscher Patriot, da durchzuckte mich, jedenfalls für eine Sekunde, ein jäher Schreck. Ich kann nicht so rasch vergessen, was von deutschen Patrioten im zwanzigsten Jahrhundert angerichtet wurde oder, um das mindeste zu sagen, wozu viele von ihnen beigetragen haben. Und sicher bin ich, daß der Patriotismus sehr häufig die Objektivität der Sicht beeinträchtigt, natürlich auch in Sachen Literatur.

Alle Völker lieben und überschätzen ihre Literatur – und ich sehe darin, wenn sie nur bereit sind, andere Literaturen wenigstens in Grenzen zur Kenntnis zu nehmen, noch kein Unglück.

Für den englischen Spruch aus dem Anfang des neunzehnten Jahrhunderts »Right or wrong – my country« (Recht oder Unrecht – mein Vaterland!) habe ich nichts übrig, aber in der Literaturbetrachtung kann man ihn durchaus dulden.

Übrigens, wenn von den Engländern die Rede ist – die halten doch für den größten Schriftsteller der Welt selbstverständlich einen Engländer. Ich meine, ich glaube, ja, ich bin sicher – sie irren sich überhaupt nicht. Er ist tatsächlich der Allergrößte.

*Was halten Sie von unseren Literaturpreisen, gibt es zu viele, werden sie gerecht vergeben?*

Literaturpreise sind keine Erfindung unserer Epoche. Sie existierten schon in der Antike, sie wurden vornehmlich als »Dichterkrönungen« bezeichnet. Doch mag es sein, daß es in der Geschichte der deutschen Literatur noch nie so viele Preise gegeben hat wie heutzutage. Und das ist gut und erfreulich.

Es stimmt aber, daß häufig über die Preise ungünstig geredet wird, daß sie beanstandet oder gar verhöhnt werden. Von wem? Von jenen Autoren vor allem, die sich ungerecht behandelt fühlen, weil sie zu selten oder überhaupt nicht ausgezeichnet wurden. Und gelegentlich auch von solchen Schriftstellern, die sich – es ist kaum zu glauben – lauthals beschweren, daß man sie schon gar zu oft geehrt habe. So hat Hans Magnus Enzensberger, als ihm im vorigen Jahr der Ludwig-Börne-Preis verliehen wurde, in seiner Dankrede geklagt, er habe schon siebzehn Preise erhalten, und das sei – bemerkte er ein wenig kokett – nun doch »zuviel des Guten«. Gleich fügte er hinzu: »Die meisten Preise fallen an Preisträger, die keine Preise nötig haben.«

Wie also: Sollen unsere Literaturpreise vor allem den notleidenden Schriftstellern zukommen, den armen Poeten? Gewiß, auch ihnen. Doch haben die Preise zugleich andere Aufgaben. Und wer sich das bewußtmacht, der wird, glaube ich, zögern, in die billigen Klagelieder über die angebliche »Preisflut« einzustimmen.

Wer immer einen Preis verleiht, der will der Literatur helfen und dienen. Und die Geschichte der Literatur, zumal der deutschen, beweist, daß sie immer, auch in den schönsten Blütezeiten, diese Hilfe brauchte, ja, auf sie angewiesen war.

Zunächst einmal geht es darum, die Aufmerksamkeit des Publikums, der Kritik und vielleicht auch der Universitäten auf bestimmte Schriftsteller hinzulenken. Auf welche? Es geht immer um solche, denen ein kleines oder großes Unrecht geschieht – und das sind nicht wenige.

Ich meine jene, die zwar talentiert sind oder zu sein scheinen, denen es aber schwerfällt, Geld zu verdienen, jene, die von der Kritik gelobt werden, aber kaum Leser finden, jene, denen es an Lesern nicht fehlt, die indes von der Kritik ganz oder beinahe ignoriert werden, jene, die aus unverständlichen Gründen von den Preisjurys bisher übergangen wurden, jene schließlich, die fast erfolglos sind, weil sie neue und für die meisten Leser (und bisweilen auch Kritiker) unverständliche Wege gehen.

Man könnte noch allerlei weitere Beispiele anführen, doch laufen sie alle auf eine höchst wichtige Aufgabe der Literaturpreise hinaus: Sie können und sollen als öffentliches Korrektiv unseres literarischen Lebens wirken. Das funktioniert aber nur dann, wenn die Preise Autorität haben. Also mit viel Geld verbunden sind? Ja, natürlich. Auf jeden Fall sollte die Preissumme heutzutage mindestens zehntausend Euro betragen.

Ferner: Eine literarische Auszeichnung verdankt ihren Ruf in hohem Maße der Liste der von ihr bisher Preisgekrönten. Sie sollten sich mit der Zeit als eine Elite erweisen. Preise müssen also, um etwas zu gelten, um wirklich Einfluß ausüben zu können, Tradition haben. Dazu ist Zeit erforderlich, doch bisweilen genügt ein knappes Jahrzehnt. So wurde der Ludwig-Börne-Preis zum ersten Mal 1993 vergeben und ist heute schon ein hoch angesehener und begehrter Preis.

Die bedeutendsten Preise in der Bundesrepublik sind der Georg-Büchner-Preis und der Goethe-Preis. Keine Jury ist unfehlbar, doch ist die Liste der Preisträger bei beiden Preisen erstaunlich gut. Das hat mit der Qualität und der Unabhängigkeit der Jurys zu tun. Darum war es lange Zeit bei vielen bundesdeutschen Preisen nicht gut bestellt. Denn viele Jurys interessierten sich nicht so sehr für Neuerscheinungen als für die Entscheidungen anderer Jurys. Daher wurden die meisten deutschen Schriftsteller entweder mit keinem oder gleich mit mehreren Preisen bedacht. Es galt bei uns die schöne Faustregel: Preisgekrönt wird, wer schon preisgekrönt ist.

Daß heute die Preise besser und gerechter verliehen werden, ist in erster Linie auf die viel bessere, die vernünftigere Zusammensetzung der Jurys zurückzuführen. Es hat sich die Ansicht durchgesetzt, daß über Preise in erster Linie Schriftsteller, Kritiker, Journalisten und Universitätsgermanisten zu befinden haben.

Werden also unsere Preise jetzt gerecht vergeben? O nein, nur beinahe. Denn Irren ist, wie wir seit der Antike wissen, menschlich. Und nirgends ist gesagt, daß dies nicht für die Juroren der deutschen Literaturpreise gilt. Überdies: »Jeder sage, was ihm Wahrheit dünkt, und die Wahrheit selbst sei Gott empfohlen!« So heißt es im Brief eines deutschen Autors, der nie einen Preis erhalten hat und es bisweilen bitter nötig hatte. Er heißt Lessing, Gotthold Ephraim.

*Was halten Sie von Thomas Bernhards Stil, warum wird dieser Autor von der Literaturkritik so gelobt?*

Vielen Lesern fällt es schwer, sich mit Bernhards Schreibweise abzufinden, sie gar zu bewundern. Das hat einen einfachen Grund: Dieser Österreicher, einer der bedeutendsten Stilisten der deutschen Literatur nach 1945, war ein höchst origineller und wohl eben deshalb, das sei zugegeben, ein schwieriger Schriftsteller.

Bernhards Sprache erreicht in seinen Romanen und in seinen wunderbaren, oft unterschätzten Geschichten eine geradezu irritierende und insistierende Ausdruckskraft. Seine zuweilen langen und schwerfälligen, diese oft absichtlich umständlichen und immer wieder verschachtelten Sätze ergeben eine beharrlich bohrende Prosa. Es sind mühselige und qualvolle Wortgefüge, und sie entsprechen – das ist ihre wichtigste Eigentümlichkeit – der Mühsal und den Qualen seiner Gestalten. Stil und Inhalt bestimmen und beglaubigen sich in Bernhards Prosa gegenseitig. Ungeheuerliche Wirkungen kann er der ständigen, der hämmernden Wiederholung einzelner Worte und Wendungen abgewinnen.

Seine Prosa besteht häufig aus endlosen Wortkaskaden, aus grandiosen Sprachkatarakten. Diese Eloquenz der Ratlosigkeit, die voll von ungeahnten Tönen ist, diese Suada vermochte Bernhard bis zum Unerträglichen zu steigern. Hier redet unentwegt einer, der sich gehetzt und gejagt fühlt, der sich keine Pause gönnt, der, so will es scheinen, kaum Zeit hat, Atem zu holen. Mit Bernhards Redestrom hat auch seine Typographie zu tun: Absätze gibt es nicht. Und immer kehrt der Erzähler zu den gleichen Motiven zurück. Die manisch wirkende Wiederholung treibt die Leser in Verzweiflung oder versetzt sie in Begeisterung.

Vielleicht ist diese Sprache nicht gerade schön. Aber sie ist vollkommen. So benannte und beschwor er die Qualen jener, die seine Szene bevölkern. Es ist ein finsteres und drohendes Personal, es ist eine unheimliche und bedrückende Welt. Ihn faszinierten die dunkelsten Bereiche unserer Existenz, weil er gerade dort die Antwort auf die entscheidenden Fragen zu finden hoffte. Er schwelgte im Krankhaften und auch im Abstoßenden, um das Wesen des Menschen erkennbar zu machen. Er wußte, daß es in der Literatur oft der Umweg über das Exzentrische ist, der zum Zentrum führt. Mit anderen Worten: Er zeigte das Extreme nicht obwohl, sondern weil er das Exemplarische im Sinn hatte.

Die Helden der Romane, Erzählungen und Stücke Bernhards verkörpern die ständige Rebellion – sie meutern gegen die Krankheit und den Tod, gegen die menschliche Existenz schlechthin. Eine Rebellion ist es, die von Anfang an nicht die geringsten Aussichten hat, der nicht einmal der Schimmer einer Hoffnung gegönnt wird. Den Begriff »Utopie« gab es für Bernhard nicht, von der Idee der Erlösung wollte er nichts wissen.

An ihm, dem düstersten Poeten und bittersten Propheten der deutschen Literatur in der zweiten Hälfte des zwanzigsten Jahrhunderts, scheiden sich nach wie vor die Geister. Die einen empfinden sein Werk als unausstehlich, die anderen halten es für hinreißend. Während ihm die einen ermüdende Geschwätzigkeit und Monotonie vorwerfen, rühmen die anderen seine Beredsamkeit. Aber könnte es sein, daß sie allesamt im Recht sind?

Jedenfalls ist diese in seinen größeren Arbeiten gelegentlich ermüdende Monotonie ein den aufmerksamen Leser oft aufschreckendes Kunstmittel. Sollte die Prosa Bernhards auch deshalb unvergeßlich sein, weil sie schwer zu ertragen ist?

Vielleicht verdankt sie ihre Suggestivität auch ihrer Monotonie? Meinen etwa die Vokabeln »Geschwätzigkeit« und »Beredsamkeit« ein und dasselbe, was freilich mit unterschiedlichen Vorzeichen versehen wird? Ob man Bernhards Grausamkeit ablehnt oder sich von seiner Unbedingtheit faszinieren läßt – sicher ist, daß man das eine vom anderen nicht trennen kann.

Es sind die schlechtesten Leser nicht, denen die Epik Bernhards ein sonderbar qualvolles, ein fast schon masochistisches Vergnügen bereitet. Ja, die Bewunderer Bernhards stellen ungeniert fest, die Lektüre seiner Bücher sei bisweilen eine Tortur. Doch nichts liegt ihnen ferner, als auf diese Tortur etwa zu verzichten. Denn sie genießen, woran sie leiden. Die Haßliebe, an der Bernhards unglückliche und ohnmächtige Helden leiden, ist das Fundament nicht nur seines Werks. Sie kommt auch bei seinen Anhängern zum Vorschein, also in der Rezeption seiner Bücher.

Um es überspitzt zu sagen: Wer diese unvergleichliche Prosa haßt, ohne sie auch zu lieben, der hat sie nicht begriffen. Und wer sie liebt, ohne sie zu fürchten und wohl auch vielleicht sogar mehr oder weniger zu verabscheuen, der hat sie unterschätzt. Sicher ist: Sein Werk kennt keine Sieger, alle Meutereien sind gänzlich nutzlos, stets werden nur Niederlagen gezeigt. Und doch steht in diesem Universum, inmitten von Scheiternden und Kapitulierenden, einer, dessen Rebellion nicht vergeblich war. Aber der gesiegt hat, ist kein Geschöpf des Autors, er selber ist es, er, Thomas Bernhard.

*Ich weiß, daß Sie Fontane und Richard Wagner verehren. Wie ertragen Sie deren zeitweiligen Antisemitismus?*

Ich verehre weder Fontane noch Wagner, weder Bach noch Beethoven, weder Brahms noch Bruckner. Aber ich schätze sie alle, und ich bewundere sie. Ich war dreizehn Jahre alt, als ich zum ersten Mal die »Meistersinger« sah. Ich war sofort entzückt, vermutlich auch deshalb, weil es eine Oper über Musik und Literatur ist, über den Künstler und das Publikum, über die Kritik. Bis heute bereitet mir keine Oper mehr Freude als die »Meistersinger«, keine trifft mich tiefer als »Tristan und Isolde«.

Ein Fernseh-Reporter hat mich einmal in einem nächtlichen Hotelpark mit der Frage überrascht, wie ich mit einem so wütenden Judenhasser wie Richard Wagner zurechtkomme. Ich habe ihm spontan geantwortet: »Es gab und gibt viele Menschen auf Erden, aber sie haben weder den ›Tristan‹ geschrieben noch die ›Meistersinger‹.« Wenige Tage später bin ich aus Bayreuth angerufen worden. Man bat mich um Erlaubnis, die knappe Äußerung im Programmheft nachzudrucken. Da hatte ich plötzlich den Verdacht, daß mir etwas Originelles entschlüpft war.

Er war, alles in allem, ein widerlicher Mann, ein abstoßendes Individuum, böse, unanständig, ja, ekelhaft. Ich kenne keinen Dichter oder Komponisten, der es verdient hat, mit solchen Worten bedacht zu werden. Aber dieser Wagner war ein Genie wie vor ihm im Bereich der Oper vielleicht und auf seine Weise Mozart und wie nach ihm keiner mehr. Sollte man daher verheimlichen, daß es in seinen Schriften viel Törichtes gibt. Geht daraus hervor, daß man ihm seine Arbeit über »Das Judentum in der Musik« vergeben könnte? Ich glaube: auf keinen Fall.

Unter den bekanntesten Wagner-Dirigenten war immer schon der Anteil der Juden erstaunlich groß – von Hermann Levi, der die »Parsifal«-Uraufführung leitete, über Bruno Walter und Otto Klemperer bis Leonard Bernstein und Georg Solti, Lorin Maazel, Daniel Barenboim und James Levine. Auch unter den Kritikern und Musikwissenschaftlern, denen wir die zentralen Arbeiten über Wagner verdanken, gibt es auffallend viele Juden.

Spricht es nun gegen oder vielleicht doch für diese Dirigenten und Wissenschaftler und übrigens auch für die ungezählten Juden, die das Festspielhaus in Bayreuth mitfinanziert haben, daß sie alle die Musik Wagners für ungleich wichtiger hielten als seine oft schändliche Publizistik, zumal jene seiner Arbeiten, die letztlich nur Haßausbrüche eines Wirrkopfs sind? Vielleicht zeugt die Haltung der Juden, die sich nie beirren ließen und überall Wagner rühmten, förderten und interpretierten, von imponierender Unabhängigkeit, von Souveränität?

Im März 1958 habe ich ein längeres Gespräch mit dem damals in Ost-Berlin lebenden Komponisten Hanns Eisler geführt, einem Juden. Einen ganzen Abend verbrachten wir zusammen. Eisler, ein leutseliger und beredter Mann, plauderte in bester Laune. Er erzählte allerlei Anekdoten, nicht schlechte übrigens, meist über Musiker. Lange dauerte es nicht, und er begann über Wagner zu reden, genauer gesagt: zu schimpfen. Er nannte ihn einen kompletten Scharlatan, einen Kitschier der schlimmsten Art, einen geschmacklosen Wichtigtuer. Ich dachte nicht daran, diese flammenden Beschimpfungen ernst zu nehmen. Mir war klar: Wer sich mit einer solchen Leidenschaft gegen einen Komponisten der Vergangenheit auflehne, der verdanke ihm wohl viel, ihn müsse mit dem Attackierten zumindest Haßliebe verbinden.

Ich ließ also Eisler. Ohnehin war ich sicher, daß ich diesen heiteren Dialog leicht gewinnen würde. Ich hatte einen Namen in Reserve, der, meine ich, alles entscheiden würde – wie ein Joker im Kartenspiel. Ich sagte: »Was Sie so erzählen, Herr Eisler, mag ja richtig sein. Aber dieser furchtbare Wagner, er hat doch«, jetzt kam ich mit meinem Joker, »er hat doch den ›Tristan‹ geschrieben.« Eisler verstummte, es wurde still im Zimmer. Dann sagte er sehr leise: »Das ist etwas ganz anderes, das ist Musik.«

Vier Jahre später las ich in den Zeitungen, Eisler sei gestorben. Und ich las, daß er, der große Musiker, der Jude Hanns Eisler, sich auf seinem Totenbett die Partitur von »Tristan und Isolde« habe geben lassen.

Über Theodor Fontane später einmal. Heute nur soviel: Er war letztlich trotz vieler bedenklicher Äußerungen kein Antisemit.

*Über den »Großkritiker« meiner Jugend, Friedrich Sieburg, haben Sie geschrieben: »So mächtig er zu sein schien, so eindeutig war er am Ende seines Lebens isoliert.« Geht es Ihnen ähnlich? Und wenn ja, warum?*

Das ist eine sehr persönliche Frage. Sie läßt sich aufrichtig nur beantworten, wenn man den Exhibitionismus nicht scheut. Aber muß ich eine solche Frage überhaupt beantworten? Natürlich kann ich mich auf den Persönlichkeitsschutz berufen – und also kneifen.

Andererseits kann man der Ansicht sein, daß jemand, der mit seiner Literaturkritik die Aufmerksamkeit der deutschen Leser seit bald einem halben Jahrhundert beinahe allwöchentlich in Anspruch nimmt, verpflichtet ist, wenn dies

ausdrücklich gewünscht wird, Auskunft auch über Persönliches zu erteilen. Das mag richtig sein, aber doch wohl nur in Grenzen. Versuchen wir's mal.
Ich hatte einen neun Jahre älteren Bruder, der 1943 im Lager Poniatowa umgebracht wurde. Er war in vielerlei Hinsicht ein anderer Typ als ich, vielleicht der Gegentyp. Etwas kleiner, zarter und schmächtiger als ich, auch schüchterner und in höherem Maße gehemmt. Vor allem war er ein liebenswürdiger, ein überaus liebenswürdiger Mensch. Er hatte ein gewinnendes Wesen, frei von Arroganz und Aggressivität.
Man konnte vermuten, daß er über den Ring verfügte, von dem Lessings weiser Nathan erzählt, er habe die geheime Kraft, denjenigen vor Gott und Menschen angenehm zu machen, der ihn in dieser Zuversicht trage. Nach einem solchen Ring habe ich mich schon in meiner Kindheit gesehnt, als ich den Namen Lessing noch gar nicht kannte. Es blieb bei dieser vergeblichen Sehnsucht – fast mein ganzes Leben lang.
Meine wichtigeren Freundschaften waren nicht von langer Dauer, und daran waren nicht meine Freunde schuld, ich selber war es auch nicht. Das hatte, um es vorsichtig auszudrükken, mit meiner Biographie zu tun und mit dem Zeithintergrund.
1938 wurde ich in Berlin verhaftet und nach Polen deportiert. Der wichtigste Freund meiner Gymnasialzeit, der meine Liebe zu Shakespeare und Mozart vertieft hat wie kein anderer in meiner Jugend, ist wenige Monate nach meiner Deportation nach Australien emigriert. Wir haben bis zum 1. September 1939 Briefe gewechselt. Dann brach die Verbindung ab, ich habe nie wieder von ihm gehört. Sein Name sei hier genannt: Wolfgang Hartwich.
Im Warschauer Getto war mein nächster Freund ein etwas älterer Jurist und Pianist. Wie kein anderer hat er mich zu

Chopin hingeführt und meine Begeisterung geweckt. Er floh aus dem Getto etwa zur selben Zeit wie ich. Im sogenannten arischen Stadtteil von Warschau wurde er von Polen denunziert und von Deutschen erschossen. Sein Name sei hier genannt: Jerzy Stein.

Eine unvergeßliche Freundin in jenen Jahren war auch eine junge Schriftstellerin, die mich zum Schreiben ermunterte und drängte und die meine frühen Manuskripte begutachtete. Sie wurde zusammen mit ihren beiden kleinen Kindern in Treblinka vergast. Ihr Name, der in der Geschichte der polnischen Literatur nicht unbekannt ist, sei hier genannt: Gustawa Jarecka.

1945 zeigte es sich, daß von meinen Freunden im Warschauer Getto kein einziger überlebt hatte. Aber es entstanden neue Freundschaften, wenn auch vielleicht weniger intensive – vor allem mit Literaten und Journalisten. Als ich 1958 Polen beinahe ohne Gepäck und nicht ohne Eile verließ, endeten allmählich auch diese Freundschaften. Beigetragen hatte hierzu wieder einmal die Weltgeschichte – diesmal der Eiserne Vorhang.

Von 1959 bis 1973 lebte ich in Hamburg. In dieser Zeit begannen zwei sehr unterschiedliche Freundschaften, für mich von höchster Bedeutung. Sie währten, sie hielten jahrzehntelang. Beide scheiterten auf nicht undramatische Weise. In einem Fall war der Freund nicht imstande, dem eifersüchtigen und gehässigen Einfluß seiner Familie zu widerstehen. Er hat mich verraten. Gleichwohl denke ich an ihn mit Dank und mit Mitleid. Sein Name soll hier nicht genannt sein.

Mit Verrat endete auch die andere Freundschaft. Es ging um Adolf Hitler und seine Rolle in der Geschichte. Mit einigen in den achtziger Jahren zum Vorschein gekommenen Thesen hatte der Freund von gestern den politischen und moralischen Konsens, der zwischen uns bestand, mutwillig zerstört – und damit auch unsere Freundschaft. Gleichwohl habe ich Gründe, auch an diesen Mann mit Dankbarkeit zu denken, doch letztlich ohne Respekt, leider leider. Sein Name soll hier nicht genannt werden.

Also bin ich im Alter vereinsamt und isoliert? Ach, keine Spur. Es stimmt schon, Freundschaften mit Schriftstellern sind meines Berufes wegen nur von kurzer Dauer, meine Freundschaft mit Siegfried Lenz ist ein ungewöhnlicher Ausnahmefall. Aber darüber bei anderer Gelegenheit.

Heute nur soviel: Zu den großen Überraschungen meiner an Überraschungen reichen Biographie gehört, daß ich im Alter von über sechzig, ja sogar über siebzig Jahren nicht wenige neue, gute Freunde gefunden habe. Den meisten muß ich allerdings einen höchst bedauerlichen Umstand vorwerfen: Sie leben in Wien und Zürich, in Hamburg und Berlin, in Köln und München oder Baden-Baden. Ich habe sie alle zu überreden versucht, dorthin umzuziehen, wo wir, meine Frau und ich, seit bald dreißig Jahren wohnen, also nach Frankfurt. Aber diese Menschen, die mir so nahestehen, sind störrisch und wollen, man kann es kaum glauben, bleiben, wo sie sind. Schade, doch ist es ein Glück, daß es sie gibt.

Was können wir in dieser Situation tun? Uns freuen, daß wir auch hier in Frankfurt und in der nahen Umgebung drei, vier, ja vielleicht sogar fünf Freunde haben, auf die wir uns verlassen können. Mein Liebster, wird man mich, Heine abwandelnd, fragen wollen, mein Liebster, was willst Du mehr? Und ich antworte: Ich will ja nicht mehr, ich möchte nur, daß es noch eine Weile so bleibt.

Kurz und gut: Ich grolle nicht, ich klage nicht. Und ich bin dankbar dafür, daß es – obwohl ich Nathans Ring immer noch vermisse – so ist, wie es ist.

Habe ich den Wissensdurst des Lesers Volhard nun zufriedengestellt? Bestimmt nicht, denn er wird beanstanden, daß ich erotische Freundschaften unerwähnt gelassen habe. Stimmt schon, jedoch: Eine Grenze hat der Leser Macht.

*Würden Sie meinen Eindruck bestätigen, daß sich in der Literatur viel wiederholt und es eigentlich wenig Neues gibt?*

Der ersten Hälfte dieser Frage stimme ich voll und ganz zu, nicht aber der zweiten. Man kann schon sagen, daß sich die Autoren seit Jahrhunderten, ja sogar seit Jahrtausenden mit den gleichen oder zumindest mit ähnlichen Themen befassen, bisweilen bewußt, mitunter unbewußt.
Ja, vieles in der Literaturgeschichte wiederholt sich. Das hat in der Regel einen einfachen Grund. Also: Gute Poeten oder Erzähler sollte man sich nicht etwa als Individuen vorstellen, die sich, an ihrem Schreibtisch sitzend oder auf einem Waldspaziergang, Gedanken darüber machen, welchen Stoffes sie sich in ihrer nächsten Arbeit annehmen werden – in ihrer nächsten Geschichte, in ihrem nächsten Roman oder Gedicht.
Die Poeten oder Erzähler sind eben nicht auf der Suche nach Themen, die sich ergreifen ließen, vielmehr werden sie von Themen ergriffen, denen sie nicht ausweichen, denen sie sich nicht entziehen können. Etwas überspitzt ließe sich sagen: Diese Autoren schreiben nicht, was sie möchten, sondern was sie müssen oder, vorsichtiger ausgedrückt, was sie glauben, schreiben zu müssen.
Ich erinnere mich an die Äußerung eines namhaften und von mir geschätzten Schriftstellers, der vor vielen Jahren von einem Journalisten gefragt wurde, was er am liebsten tue. Er

gab eine mich verblüffende Antwort: Seine Lieblingsbeschäftigung sei das Konstruieren von Konflikten, von Figuren und Motiven. Genügen nicht, dachte ich mir, die schon vorhandenen Konflikte? Ist es wirklich nötig, Figuren zu erfinden? Reichen denn die Motive nicht aus, die uns alltäglich bedrängen?

Über seine Themen und Konflikte und letztlich auch über seine Figuren kann der Schriftsteller nicht ganz frei verfügen: Sie werden ihm suggeriert, wenn nicht gar diktiert – vom Leben, genauer, von seinem Leben, von seiner Biographie. Er schreibt in einem Roman oder in einer Novelle über Konflikte, in die er selber geraten ist – oder seine Frau oder Geliebte, sein Freund oder vielleicht sein Nachbar. Er läßt Figuren auftreten, die ihm begegnet und aufgefallen sind, wobei er freilich bisweilen aus zwei oder drei oder, meinetwegen, fünf Personen eine einzige macht.

Die großen Themen der Literatur gab es natürlich schon vor Jahrhunderten, vor Jahrtausenden. Es sind die Liebe und die Vergänglichkeit, die Einsamkeit, die Sehnsucht nach Zartheit, die Angst vor dem Tod, die Grausamkeit der Machthaber. Diese und viele weitere Motive kannte die Literatur des Altertums ebenso wie die des Mittelalters. Gewiß, vieles hat sich inzwischen geändert, doch beständig ist über Jahrhunderte und Jahrtausende, was die Literatur am meisten interessiert: das Leiden des Menschen. Und eben deshalb faszinieren sie uns immer noch und immer wieder: Elektra und Antigone, Medea und Iphigenie.

In vielen Gedichten sagt uns der Poet: Ich leide. Oder: Ich bin unglücklich. Oder: Ich bin verzweifelt. Tatsächlich nicht mehr? In einem der berühmten Liebeslieder Heines heißt es: »Es ist eine alte Geschichte, / Doch bleibt sie immer neu.« Darauf kommt es an, das erwarten wir von unseren Dich-

tern: daß sie die uralten Gefühle und Stimmungen, die Hoffnungen und Enttäuschungen, die Schmerzen und die Leiden immer neu ausdrücken, damit wir sie als neu empfinden.
Der von mir besonders bewunderte und geliebte Kritiker Friedrich Schlegel schrieb um 1800: »Alle höchsten Wahrheiten jeder Art sind durchaus trivial und eben darum ist nichts notwendiger, als sie immer neu, und womöglich immer paradoxer auszudrücken, damit es nicht vergessen wird, daß sie noch da sind, und daß sie nie eigentlich ganz ausgesprochen werden können.« Eine dieser höchsten und deshalb durchaus trivialen Wahrheiten besagt, daß die Literatur den Protest gegen die Ungerechtigkeit des Daseins artikuliert und also Kritik des Lebens ist.
Nun ja, es wiederholt sich viel in der Literatur, und das ist gut so. Denn in der guten Literatur wiederholt es sich immer anders.

*In Ihrem Aufsatz »Also spielen wir Theater« in der F.A.Z. vom 14. Juni äußern Sie sich über das Libretto als literarische Gattung und über die Arbeit des Librettisten beinahe geringschätzig. Ist das nicht ungerecht?*

Man kann nicht sagen, ich hätte mich über das Libretto abfällig geäußert, wahr aber ist, daß ich es für eine, um es ganz deutlich zu sagen, zweitrangige Gattung halte. In der Residenz in München gibt es zur Zeit (bis zum 28. Oktober) eine diesem Thema gewidmete Ausstellung. Der Titel dieser, wie mir scheint, sehr nützlichen und aufschlußreichen Ausstellung lautet: »Gehorsame Tochter der Musik: das Libretto«.
Das ist ein glänzender Titel, weil er schon die ganze Problematik andeutet. Er stammt aus einem Brief von Mozart, ge-

schrieben 1781 an dessen Vater. Hier heißt es wörtlich: »Bey einer Opera muß schlechterdings die Poesie der Musik gehorsame Tochter seyn ...« Damit ist schon gesagt, daß das Libretto nicht als selbständige Gattung gelten kann.
Im Herbst 1908 unterbreitete Hugo von Hofmannsthal dem Komponisten Richard Strauss die Idee einer Spieloper, zu der er ihn überreden wollte und dann auch tatsächlich überredet hat (sie wurde »Der Rosenkavalier« betitelt). In dem Brief heißt es: »... Ich hoffe sehr, daß ich den Ehrennamen eines Librettisten, den ich wohl zu schätzen weiß, mir dabei verdienen werde.« Hat er das ernst gemeint? Hielt er die Funktion, die Arbeit des Librettisten wirklich für so ehrenhaft?
Der Text eines für die Musik geschriebenen Bühnenwerks ist immer bloß als Fundament gedacht, vielleicht als Gerüst: Der Text soll dazu dienen, daß ein kunstvolles Gebäude errichtet werde. Das Opernlibretto ist letztlich, wie sorgfältig geschrieben es auch immer sein mag, kaum mehr als ein Rohentwurf. Es ist ein Halbfabrikat. Erst mit Hilfe der Musik soll es zu Ende gedichtet werden.
Mithin ist die Arbeit des Librettisten eher entsagungsvoll als besonders ehrenvoll. Denn er hat einen Text zu produzieren, den man weder liest noch hört und der, da er gesungen werden soll, zum größten Teil unverständlich bleibt. Der Librettist muß gerade darauf verzichten, was dem dramatischen Werk zu stärksten Wirkungen verhilft – auf den Dialog. Denn wenn aus Rede und Gegenrede ein Duett entsteht (vom Terzett oder Quartett ganz zu schweigen), wenn sich also zwei Menschen ansingen oder gar gleichzeitig singen, dann sind die Dialogpointen, sollte sie der Librettist überhaupt geliefert haben, nicht mehr zu retten.
So darf man sich nicht wundern, daß es (von ganz wenigen Ausnahmen abgesehen) eher minderwertige Autoren waren,

die sich mit der Produktion von Libretti befaßten. Nicht abwegig ist daher das boshafte, Beaumarchais zugeschriebene Wort: »Was zu dumm ist, um gesprochen zu werden, das wird gesungen.« Das Schicksal hat den Stückeschreiber Beaumarchais für dieses Wort streng bestraft: Aus seinen Komödien sind zwei Opern entstanden, die freilich zu den berühmtesten der Welt gehören: »Der Barbier von Sevilla« und »Figaros Hochzeit«.

In manchen großen deutschen Opern kommt in den Sprechpartien das Niveau des Textes deutlich, gar zu deutlich zum Vorschein – so in der »Zauberflöte«, in der »Entführung aus dem Serail«, im »Fidelio«. Was soll man mit diesen gesprochenen Dialogen machen? Das Publikum leiden lassen, bis es aufatmen darf, wenn man wieder Mozart oder Beethoven hören kann? Manch ein Intendant hat neue Dialoge schreiben lassen (das geht immer schief) oder die gesprochenen Partien kurzerhand gestrichen.

Mit dem Elend der deutschen Operntexte hängt es auch zusammen, daß die Komponisten schließlich auf die Dienste der Librettisten verzichteten und sich die benötigten Textbücher entweder selber verfaßten – wie Lortzing, wie Wagner, wie in unserer Zeit Hans Werner Henze in seinem Spätwerk – oder bereits vorhandene und nicht für die Musik geschriebene Dramen vertonten: wie Richard Strauss Oscar Wildes »Salome« und Hofmannsthals »Elektra«, wie Alban Berg Büchners »Woyzeck«.

Für den Antagonismus zwischen dem Komponisten und dem Textautor hat Strauss in seiner späten Oper »Capriccio« die so einfache wie schlagende Formel gefunden. Der Dichter Olivier erklärt in dieser Oper leise, aber bestimmt: »Prima le parole – dopo la musica.« Der Komponist Flamand antwortet ihm heftig: »Prima la musica – dopo le parole.«

Und gemeinsam verkünden sie, Ton und Wort seien Bruder und Schwester. Das mag ja sein, nur kommt es darauf an, wer bei diesem Geschwisterpaar das Sagen habe. Die großen Opernkomponisten, zumal die deutschen – Gluck und Mozart, Weber und Wagner – haben hierüber oft nachgedacht und sind natürlich zum Ergebnis gekommen, daß in der Oper die Musik ungleich wichtiger sei als das Libretto.
In seinen Briefen beklagt sich Hofmannsthal häufig, Strauss habe den Text des »›Rosenkavalier‹ mit dicker Musik zugedeckt« und so seine Intentionen zunichte gemacht. Er konnte dagegen nicht viel unternehmen. Der Komponist Strauss wußte genau, was er wollte, und er dachte nicht daran nachzugeben. Die Musik hatte auf jeden Fall zu dominieren.

*Die Bücher von Rolf Dieter Brinkmann sind bereits seit Jahren vergriffen. Finden Sie, daß der Leserwelt hierdurch etwas entgeht?*

Der Schriftsteller Rolf Dieter Brinkmann, der von 1940 bis 1975 lebte, war ein verwirrter Rebell, der sich in die Rolle eines provozierenden Berserkers geflüchtet hatte. Da er nicht anders mit seiner Umwelt fertig werden konnte, versuchte er es als wild um sich schlagender Anarchist.
Im Herbst 1968 saß er zusammen mit mir auf dem Podium der Berliner Akademie der Künste. Doch wollte er nicht, wie beabsichtigt war, mit seinen Gesprächspartnern auf dem Podium diskutieren, sondern den Anwesenden um jeden Preis einen Schreck einjagen. Da wir gelassen blieben, brüllte er mich schließlich an: Er sollte überhaupt nicht mit mir reden, er sollte ein Maschinengewehr haben und mich über den Haufen schießen.

Die Versammlung wurde unterbrochen, Brinkmanns Ausspruch war am nächsten Tag und noch in den folgenden Wochen in allen Zeitungen zu lesen und brachte ihm vielleicht ein noch stärkeres Echo ein als seine Bücher. Er war nicht der erste Deutsche, der mich erschießen wollte, doch der erste (und, wie bekannt, nicht der letzte) deutsche Schriftsteller, der meinen Tod wünschte. Was hatte ich getan?

Ich habe die erste Kritik seines ersten Buches, des Prosabandes »Die Umarmung«, 1965 überaus freundlich besprochen und den Debütanten ausgiebig gelobt. Ich habe dann seinen Roman »Keiner weiß mehr«, einen trotzig hingeworfenen Brocken Prosa, in dem die Darstellung des Sexuellen auffiel, geradezu enthusiastisch beurteilt.

Brinkmann war, wie man mir erzählte, glücklich. Er war mir dankbar, doch gibt es Menschen, die, zur Dankbarkeit unfähig, das Bedürfnis haben, die Hand zu beißen, von der sie gestreichelt wurden. Hinzu kam noch etwas anderes, das ihm nun doch nicht paßte. Ich war damals ständiger Literaturkritiker der »Zeit« und also in seinen Augen ein Repräsentant des von ihm verachteten und verabscheuten Establishments. Wir schrieben ja das Jahr 1968. Brinkmanns eher geplanter als spontaner Ausbruch gegen den Kritiker, der ihn entdeckt und gefördert hatte, war widerlich, doch zugleich auch, leider, symptomatisch.

Er war, kein Zweifel, ein unzurechnungsfähiger Mensch. Aber er war ein Poet. Er ging aufs Ganze – radikal und rücksichtslos, mit Wut und Besessenheit. Das zeigte sich auch in seiner Lyrik, die zwar ein oft unkontrollierter, doch selbständiger Beitrag zu unserer jungen Gegenwartsdichtung war.

Der letzte zu seinen Lebzeiten erschienene Gedichtband (»Westwärts 1 & 2«) schien von der Überwindung der Krise zu zeugen, in der er längst steckte. Doch von einem Neuanfang konnte keine Rede mehr sein: Während eines Besuchs in London wurde Brinkmann nachts in der Innenstadt überfahren und war auf der Stelle tot. Die deutsche Literatur war um eine Hoffnung ärmer.

Daß Brinkmann inzwischen vergessen wurde, trifft nicht zu. In vielen Anthologien werden einzelne Gedichte von ihm gedruckt, gelegentlich wird sein Name genannt. Reicht das? Genügt es nicht, daß seine Bücher in den meisten Bibliotheken greifbar sind, sollten sie auch in Neuauflagen erscheinen?

Ich werde die Fragestellerin mit einer aufrichtigen Antwort verblüffen: Ich weiß es nicht. Ich kann nur sagen, daß mich diese Bücher in den sechziger und siebziger Jahren beeindruckten, und ich bedauere es keineswegs, mich für diesen Autor eingesetzt zu haben. Ob sie jetzt wieder gedruckt werden könnten oder müßten, sollte der Verlag Brinkmanns prüfen und eventuell zumindest neue Taschenbuchausgaben anregen.

Es wiederholt sich immer wieder: Etwas ältere Leser, vielleicht fünfzig oder sechzig Jahre alt, erinnern sich nicht ohne Wehmut an Bücher, die ihnen in ihrer Jugend sehr gefallen haben. Dagegen ist nichts einzuwenden. Nur muß man sich damit abfinden, daß manche Bücher, die in ihrer Zeit eine wichtige Rolle gespielt haben, sich im Laufe der Jahrzehnte überlebt haben. Womit ich noch nicht gesagt haben will, daß dies für Brinkmanns Werke gilt. Das sollten jüngere Kritiker entscheiden.

*Kann man die Bedeutung des klassischen Werks eines fremden, gar fernen Landes allein durch die Lektüre erkennen, also ohne über den Autor informiert zu sein und ohne irgend etwas über das Land zu wissen, in dem das Buch entstanden ist?*

Die Frage trifft ins Zentrum eines wichtigen Problems – nämlich der internationalen Verbreitung der Literatur. Dieses Problem wiederum hängt zum großen Teil mit der Übersetzbarkeit der jeweiligen Werke zusammen. Eine generelle Antwort gibt es nicht und kann es hier nicht geben. Denn die Übersetzbarkeit hat vor allem mit der Gattung zu tun.

Gleich ein konkretes Beispiel: Jeder deutsche Literaturfreund wird, befragt nach den bedeutendsten russischen Schriftstellern, sehr wahrscheinlich Tolstoi und Dostojewskij nennen. Wenn er in der russischen Literatur etwas Bescheid weiß, werden ihm auch die Namen Gogol oder Tschechow einfallen und aus dem zwanzigsten Jahrhundert vielleicht Isaak Babel.

Anders reagieren auf diese Frage die Russen selbst: In der Regel nennen sie an erster Stelle Puschkin, der sogar als Schöpfer der russischen Literatursprache gilt, und zählen zu den bedeutendsten Repräsentanten ihrer Literatur Lermontow und Nekrassow. Aber abgesehen von Slawisten kennt diese beiden Autoren in der deutschsprachigen Welt kaum jemand. Und Puschkin? Gebildete Leute wissen, daß der berühmtesten Oper der Russen, Tschaikowskys »Eugen Onegin«, ein Verspoem von Puschkin zugrunde liegt. Damit sind die Puschkin-Kenntnisse der meisten beendet.

Ein ganz anderes Beispiel: 1992 gab man im Rahmen der Salzburger Festspiele das Drama »Die Hochzeit« von Stanislaw Wyspianski, einem in Deutschland gänzlich unbekannten, gleichwohl genialen polnischen Dichter aus der Zeit um

1900. Die deutsche Kritik war entsetzt, das Stück wurde ohne Pardon verhöhnt, es sei – schrieb Gerhard Stadelmaier in der Frankfurter Allgemeinen – für »Nicht-Polen ein unverständlicher Spuk«. Das trifft tatsächlich zu.

Wie ist das alles möglich? Die Antwort ist sehr einfach: Es geht beinahe immer um die Gattung. Tolstoi und Dostojewskij waren vor allem Romanciers. Ihre Werke lassen sich besser oder schlechter in andere Sprachen übersetzen. Doch der Leser sogar kümmerlicher Übersetzungen kann die Genialität dieser Autoren sehr wohl erkennen.

Tschechows Theaterstücke, allesamt in Prosa geschrieben, und seine Novellen und Kurzgeschichten bereiten den Übersetzern keine unüberwindlichen Schwierigkeiten. Die Stücke sind in Ländern erfolgreich, in denen man keine Ahnung von den russischen Verhältnissen im neunzehnten Jahrhundert hat. Puschkin, Lermontow und Nekrassow hingegen waren vor allem Lyriker – und Lyrik ist in den meisten Fällen nicht übersetzbar, und zwar gleichgültig, ob es sich um russische, französische oder englische Verse handelt.

Die Mehrheit der deutschen Literaturfreunde kann Englisch. Aber wer von ihnen ist imstande, die Verse Shelleys im Original zu lesen? So ist er letztendlich hierzulande unbekannt, während Dickens oder Joseph Conrad, die Prosaschriftsteller waren, in Deutschland sehr wohl ein großes Publikum gefunden haben.

»Die Hochzeit« von Wyspianski, ein Meisterwerk höchsten Ranges, ist ein äußerst schwieriges Stück mit unzähligen Anspielungen auf Gestalten und Motive aus der polnischen Geschichte und Mythologie. Polens Nationalepos, der »Pan Tadeusz« von Adam Mickiewicz, beginnt mit den Worten: »O Litauen, du mein Vaterland …«. Warum denn Litauen? Schon braucht der deutsche Leser eine Erläuterung. Lyrik

mit Anmerkungen, das ist wie Liebe mit einem Sexual-Leitfaden in der Hand.
Kurz und gut: Man sollte sich ein für allemal damit abfinden, daß die Poesie in der Regel (natürlich gibt es Ausnahmen) nicht übersetzbar ist. Selbst tüchtige Übersetzer können vom Fluidum und Charme, von der Atmosphäre der ausländischen Dichtung nur wenig und bisweilen gar nichts wiedergeben. Wer ausländische Lyrik unbedingt kennen will, der ist in den meisten Fällen darauf angewiesen, die fremde Sprache zu erlernen.
Andererseits muß man weder des Französischen mächtig sein noch die Verhältnisse in der französischen Provinz in der Mitte des neunzehnten Jahrhunderts kennen, um Flauberts Roman »Madame Bovary« zu lesen und zu bewundern. Und wie ist es mit der Literatur aus einem ganz anderen Kulturkreis: Ich habe mit großem Vergnügen die Romane des bedeutenden japanischen Schriftstellers Haruki Murakami gelesen. Ich war nie in Japan, ich habe von diesem Land keine Ahnung, aber die Prosa Murakamis hat mir auch ohne Erläuterungen viel Spaß bereitet. Unter anderem habe ich dieser Prosa entnommen, daß sich im fernen Japan die Liebe gar nicht viel anders abspielt als in Wanne-Eickel und Berlin-Charlottenburg.

*Welches Buch würden Sie auf eine einsame Insel mitnehmen?*

An diesem Spiel kann ich nicht teilnehmen, wenn ich nur ein einziges Buch mitnehmen darf. Es müssen mindestens drei sein – und von jeder Gattung: Lyrik, Dramatik, Epik.
Bei der Lyrik entscheide ich mich für drei umfangreiche Auswahlbände mit Gedichten von deutschen Lyrikern aus

den letzten drei Jahrhunderten, und zwar Goethe, Heine und Brecht. Drei Dramen: »Hamlet«, »Faust« und entweder »Wallenstein« oder »Prinz von Homburg«. Romane: »Stechlin«, »Zauberberg« und Dostojewskijs »Brüder Karamasow«.

*Warum wird Stefan Zweig von der Germanistik und der Literaturkritik so wenig gewürdigt beziehungsweise wahrgenommen und von den Lesern geliebt?*

Die Frage geht von einer falschen Voraussetzung aus: Einem berühmten und nach wie vor sehr beliebten Schriftsteller werde in unserem literarischen Leben ein Unrecht angetan. Das trifft nicht zu. Seine vielen Bücher sind in einer großen Ausgabe zu haben – es handelt sich um die »Gesammelten Werke in Einzelbänden«. Es sind nicht weniger als sechsunddreißig, alle auch einzeln zu haben. Ein Band ausgewählter Aufsätze, Tagebuchnotizen und Briefe (»Stefan Zweig – Triumph und Tragik«) wurde von Ulrich Weinzierl glänzend herausgegeben. Eine Biographie Zweigs gibt es in Rowohlts Bildmonographien, auch im Insel Verlag ist ein Buch »Stefan Zweig: Leben und Werk im Bild« erhältlich. Alle diese Bücher wurden im Laufe der letzten Jahre veröffentlicht.

Vor allem aber: Seit 1995 erscheinen Stefan Zweigs Briefe, bisher sind es drei Bände, der vierte und letzte wird im Jahre 2004 folgen. Jeden dieser Bände hat die Presse besprochen, manche Zeitungen sehr ausführlich. Nicht wenige seiner Novellen wurden verfilmt, und es war in jedem Fall für die Kritiker ein willkommener Anlaß, wieder einmal auf Zweig zu verweisen.

Überdies: Bei uns gibt es – anders als in den meisten europäischen Ländern – die schöne Sitte, an bedeutende Schriftsteller oder Komponisten oder Philosophen aus Anlaß von Jubiläen (jeweils nach dem Dezimalsystem) zu erinnern. So war es auch mit Stefan Zweig: 1981, als sein hundertster Geburtstag fällig war, und 1992 aus Anlaß seines fünfzigsten Todestages.

Dennoch ist es nicht ganz falsch, daß im Vergleich zu der außerordentlichen (auch internationalen) Popularität dieses Autors sein Werk nur selten wissenschaftlich untersucht wurde. Das hat einfache Gründe, mit denen man sich abfinden muß.

Zweig verdankt seinen Ruhm vor allem kulturhistorischen Biographien und psychologischen Novellen, die fast alle in den zwanziger und dreißiger Jahren entstanden sind. Die mehr oder weniger romanhaften Biographien über Marie Antoinette, Maria Stuart, Erasmus von Rotterdam, Fouché und andere akzentuieren die menschlichen Schwächen der großen Persönlichkeiten und sind unterhaltsam, ja spannend geschrieben. Aber niemand will für diese Bücher zuständig sein, und das ist nicht unverständlich: die Historiker meinen, das sei Literatur mit viel Phantasie, und die Kritiker sagen, man müßte über exakte historische Kenntnisse verfügen, um derartige Biographien zu beurteilen. In genau diese Nische waren also die historischen Romane wie »Maria Stuart« oder »Marie Antoinette« gefallen. So war es damals, als sie zum ersten Mal veröffentlicht wurden, so ist es auch heute.

Die effektvollen Novellen Zweigs wiederum, die meist unter starkem Einfluß von Sigmund Freud geschrieben wurden, zeichnen sich durch geschickte Milieuschilderungen aus und auch durch einfühlsame psychologische Porträts, in denen die dezente, doch unmißverständliche und bisweilen in den Mittelpunkt gerückte Darstellung sexueller Motive auffällt.

Sie sind jedoch allzu oberflächlich, als daß man sie zur bedeutenden Literatur der ersten Hälfte des zwanzigsten Jahrhunderts zählen könnte. Freilich gibt es auch Ausnahmen. Die »Schachnovelle« beispielsweise scheint mir sehr beachtlich, und von den Biographien schätze ich am meisten Stefan Zweigs Autobiographie »Die Welt von gestern«.
Manche Leser wünschen offenbar, daß Bücher, die vor siebzig oder achtzig Jahren erschienen sind, aus Anlaß von Neuauflagen immer wieder rezensiert werden. Das ist ein vollkommen weltfremder Wunsch.
Denn der Platz, der in den Zeitungen für Buchbesprechungen zur Verfügung steht, ist leider sehr beschränkt. Und er muß, von Ausnahmen abgesehen, der zeitgenössischen Literatur vorbehalten bleiben, der deutschen und womöglich auch der aus fremden Sprachen übersetzten. Nicht wenige keineswegs ganz unwichtige Bücher, deutsche, aber auch englische oder französische, bleiben in vielen Zeitungen unbesprochen – aus Platzmangel.

*Müssen Kritiker grausam sein?*

Eine bejahende oder verneinende Antwort auf diese Frage ist mit Sicherheit falsch. Natürlich sollten sich Kritiker unbedingt bemühen, Grausamkeit zu vermeiden. Aber leider läßt sie sich nicht ganz und nicht immer ausschließen.
Zunächst muß man klären: Für wen werden eigentlich Kritiken geschrieben? Manche Kritiker schreiben, bewußt und häufiger noch unbewußt, für ihre Kollegen. Oder für den Feuilletonchef oder den Chefredakteur der Zeitung, die sie so gern zufriedenstellen möchten. Es gibt auch Kritiker, die mit dem Blick auf den Autor arbeiten, dessen Buch sie gerade beurteilen.

Ich gehöre keiner dieser Gruppen an, ich schreibe für Leser. Welche Leser? Alle sind mir willkommen, das versteht sich von selbst. Also die Buchhändler und die Verleger, die Lehrer und Universitätsprofessoren, die Journalisten, die Schriftsteller und die Übersetzer, kurz: die unterschiedlichsten Leute aus unserer Branche.
So ist es, nur: Die Mehrheit meiner Leser gehört wahrscheinlich nun doch nicht unserer Branche an, es sind vermutlich Rechtsanwälte und Architekten, Ärzte und Apotheker, Chemiker und Physiker, Musiker und Maler und auch Nichtakademiker, die aber allesamt – und das ist das Entscheidende – an Literatur besonders interessiert sind.
Während meiner Arbeit an einer Kritik denke ich keineswegs immer, doch bisweilen an meine Leser und vergesse nicht, daß die meisten von ihnen weder Latein noch Griechisch gelernt haben. Bei Fontane steht irgendwo, es komme vor allem darauf an, verstanden zu werden. Das gilt für mich ebenfalls, und ich glaube, es sollte für alle Kritiker gelten, für jene zumal, die für Tages- oder Wochenzeitungen schreiben. Die Klarheit ist die Höflichkeit des Kritikers, die Deutlichkeit seine Pflicht und Aufgabe.
Aber die Klarheit läßt oft die Härte erkennen, die in einem umständlich-liebenswürdigen Rezensionstext zwischen den Zeilen verborgen bleibt oder sich bestenfalls vermuten läßt. Von der Deutlichkeit ist zur Härte nur ein Schritt. Und die Härte wirkt oft wie Grausamkeit.
Warum hat der Kritiker denn diese oder jene bittere Wendung dem besprochenen Romancier, den sie schmerzen muß, nicht erspart? Warum hat er nicht etwas menschenfreundlicher formuliert? »Schlecht ist schlecht, und es muß gesagt werden. Hinterher können dann andere mit den Erklärungen und Milderungen kommen« – heißt es bei Fontane.

Letztlich läuft alles auf die Frage hinaus, wem vor allem die Kritik dienen soll: dem Autor oder vielleicht doch dem Leser, dem Publikum, der Literatur? Der Autor kennt doch die Sitten und Gebräuche, die Regeln des literarischen Lebens. Er weiß also, daß die Veröffentlichung eines Buches stets mit einem Risiko verbunden ist: Man wird ihm vor aller Augen und Ohren sagen, was von seinem Werk zu halten ist. Und das ist, da die meisten Bücher schwach oder miserabel sind, beinahe immer ungünstig.

Da es aber bei uns glücklicherweise viele Zeitungen und viele Rezensenten gibt, kann sich der abgelehnte Romancier oder Lyriker fast immer trösten: Irgendeine Zeitung wird ihn schon loben, irgendein Rezensent, vielleicht ein alter Schulfreund des Autors, wird für ihn ein gnädiges, wenn nicht gar ein begeistertes Wort finden. Aber wer nimmt die Leute ernst, die dem Autor gefallen wollen, die ihm schmeicheln – vielleicht in der Hoffnung, daß er sich revanchieren werde. Die Gefälligkeitskritik betrügt die Leser und vergiftet das literarische Leben.

Der Kritiker, der schreibt, was er von dem gerade erschienenen Buch wirklich meint, nimmt in Kauf, daß man ihm Härte, nein, daß man ihm gleich Grausamkeit nachsagt. Das hängt nun einmal mit diesem nicht eben dankbaren, mit diesem schweren und doch schönen Beruf zusammen.

Von dem Kritiker wird allerlei erwartet – unter anderem Mut und Unerschrockenheit. Schließlich muß man sich nicht unbedingt über Schriftsteller oder Schauspieler oder Dirigenten äußern. Man kann auch über Katzen oder Hunde oder über den deutschen Wald schreiben.

*Manche sagen, Joseph Roth habe seine besten Bücher in seinen späten Jahren geschrieben, als er schon ein starker Trinker war. Stimmt das?*

Als die österreichische Monarchie zusammenbrach, wurde Joseph Roth heimatlos. »Wo es mir schlecht geht«, schrieb er 1930, »dort ist mein Vaterland. Gut geht es mir nur in der Fremde.« 1933 gab es keine Fremde mehr, in der es ihm gut hätte gehen können. Um diese Zeit wurde sein gesundheitlicher Zustand immer bedenklicher.
Schon vorher hatte er festgestellt: »Ich kann mich nicht im Literarischen kasteien, ohne im Körperlichen auszuschweifen.« Nichts anderes meinte er damit als seine Trunksucht. Sie begann in jener Zeit, als seine Frau an der Schizophrenie erkrankte und in einer geschlossenen Anstalt untergebracht werden mußte. Das war 1928. Die zeitgeschichtlichen Umstände um 1933 haben dann auf Roths Neigung zum Alkoholismus – er war Jude – einen zusätzlichen und sehr starken Einfluß ausgeübt.
Er hat seine Trunksucht mit der ihm eigenen Präzision geschildert: »Noch nie hat einem Alkoholiker der Genuß des Alkohols so wenig gefallen wie mir. Gefallen einem Epileptiker seine Anfälle?« bemerkte er 1933. Und später: »Ich fürchte, tageweise, für meinen Verstand.«
Abgesehen vom ausgiebigen Alkoholkonsum lebte er im Exil, vorwiegend in Paris und Marseille, sehr bescheiden, meist in billigen Hotels. Aber er hatte gar nicht so kleine Einkünfte. Trotzdem war er stets verschuldet. Denn er konnte mit Geld nicht umgehen. So schrieb er immer mehr und immer schneller – und keineswegs immer besser. Er kämpfte unentwegt um Vorschüsse und unterzeichnete bisweilen wahnwitzige Verlagsverträge. Er nahm Anleihen auf, für die

er Wucherzinsen zahlen mußte. Schließlich verpfändete er Romane, die er erst plante.

Ein Bittbrief folgte jetzt auf den anderen. Die meisten waren an den Freund und erfolgreichen Kollegen gerichtet, der ihn nicht nur bewunderte, sondern auch bis zuletzt unterstützte – an Stefan Zweig. »Retten Sie mich, ich gehe bestimmt unter ... Ich zittere an Händen und Füßen, und werde halbwegs sicher, nachdem ich getrunken habe!« – das ist der Tenor der meisten Hilferufe.

Aber sosehr der Alkohol den totalen Verfall Roths beschleunigte und seinen Organismus zerstörte, so wenig minderte er die Selbstkritik des Schriftstellers. Mehr noch: Die 1939 in den letzten Monaten seines Lebens, als er sich nur noch mühevoll bewegen konnte, verfaßte »Legende vom heiligen Trinker« gehört zu seinen besten Arbeiten.

Was hatte ihn denn zum Alkohol und zur Selbstzerstörung getrieben? Die entscheidenden Motive sind, neben der Ehetragödie und dem Emigrantenschicksal, doch in der psychischen Struktur Roths zu finden und seiner dadurch bedingten Lebensunfähigkeit. Keiner wußte dies genauer als er selber: »Ich komme einfach mit der Welt nicht zurande ... Ich kenne, glaube ich, die Welt nur, wenn ich schreibe, und wenn ich die Feder weglege, bin ich verloren. Der Alkohol ist keine Ursache, sondern eine Folge, wahrscheinlich, die allerdings den Zustand verschlimmert.«

Vielleicht hätte ihn eine Frau noch retten können. Aber es scheint, daß Frauen, die ihn liebten, ihn weder beschützen noch betreuen wollten oder konnten. Er wiederum tat gern, als nähme er, der im 20. Jahrhundert einer der subtilsten Erotiker deutscher Sprache war, die Liebe nicht ernst: »Das ist bekanntlich eine Einbildung, die im Bett aufhört.«

Hilflos und schutzbedürftig wie seine Figuren und zugleich

weise und einfältig irrte Roth durch das Leben. Er, der zuletzt im Elend existiert hat und 1939 in einem Pariser Armenspital gestorben ist, mußte sich die Wunder, die er so dringend brauchte, selber erfinden. Ihm, Joseph Roth, blieb nur die Flucht ins Märchen.

Daß er seine besten Bücher erst spät geschrieben hat, als er schon ein starker Trinker war, trifft nicht zu. Die Höhepunkte seines epischen Werks sind die Romane »Hiob« und, vor allem, »Radetzkymarsch«, erschienen 1930 und 1932. Sie stammen aus der Zeit, da er seinen Alkoholkonsum noch einigermaßen unter Kontrolle zu halten vermochte.

Seine Exilbücher, so etwa »Das falsche Gewicht«, »Die Kapuzinergruft« oder »Die Geschichten von der 1002. Nacht«, sind schön und wichtig. Wir möchten sie nicht missen. Aber es ist unverkennbar, daß sie in der Zeit entstanden sind, da er der Trunksucht nicht mehr widerstehen konnte.

*Meine Kinder (Abitur 1986, 1990, 1995) haben im Deutschunterricht von Schiller nichts gehört oder gelesen, nicht einmal den »Tell« oder die »Glocke«. Eine Deutschlehrerin sagte mir, man könne Schiller den Schülern »nicht mehr nahebringen«. Glauben Sie das?*

Mit Schiller hängt mein erster Erfolg als Deutschschüler zusammen. Es war im Werner-von-Siemens-Realgymnasium in Berlin-Schöneberg in der Unter- oder Obertertia, 1933 oder 1934. Ich war damals dreizehn oder vierzehn Jahre alt. Einer der Mitschüler sollte einen Vortrag über den »Wilhelm Tell« halten, war aber schon nach knapp fünf Minuten fertig. Der Lehrer, der erheblich mehr erwartet hatte, fragte, ob jemand noch etwas über dieses Schauspiel sagen könne.

Ich meldete mich und legte los: Der »Tell« verherrliche den politischen Meuchelmord und einen individuellen Terrorakt. Es mißfiel mir auch, daß Schillers Held letztlich bloß ein Haudegen sei, der verspricht, zur Stelle zu sein, wenn man zuschlagen werde, sich aber standhaft weigert, an der Beratung auf dem Rütli teilzunehmen.

Um dies und ähnliches zu erklären und zu begründen, muß ich viele Worte gebraucht haben, denn nach etwa vierzig Minuten, als es zur Pause klingelte, sprach ich immer noch. Doch ließ mich der Lehrer meine Darlegungen zu Ende führen und kommandierte dann knapp: »Setzen.«

In der Klasse wurde es ganz still, man war wohl sicher, jetzt werde ein strenger Schuldspruch wegen unverschämter Kritik an einem klassischen Werk folgen. In der Tat sagte unser Lehrer, was ich da geredet hätte, sei nicht hinreichend belegt und zum Teil auch falsch. Andererseits wiederum sei es – bemerkte er in bester Laune – so übel auch wieder nicht. Ich bekam (zur Verwunderung der Klasse) die beste Note: eine Eins.

Schiller war schon zu seinen Lebzeiten (und in viel höherem Maße als Goethe) der Dichter der Jugend. Und er ist es, obwohl man sich über ihn gern lustig gemacht hat (die frechen Romantiker haben damit begonnen), lange Zeit geblieben. Er könnte es, glaube ich, auch heute sein.

Nur müssen hier die Schule und das Theater zusammenwirken. Vor allem kommt es darauf an zu zeigen, wovon ich überzeugt bin: daß einige Dramen Schillers nach wie vor lebendig sind, daß in ihnen viel Sprengkraft enthalten ist und daß in ihnen Motive und Figuren vorkommen, die mit unserer Epoche sehr wohl zu tun haben.

Solange politische Attentate verübt werden, so lange ist die Frage, ob Tell das Recht hatte, den Landvogt Geßer, was immer ihm vorzuwerfen ist, meuchlings zu ermorden, keineswegs überlebt. Schiller war sich der Fragwürdigkeit der Handlungsweise seines Tells sehr wohl bewußt – deshalb hat er auch im letzten Akt den Kaisermörder Parricida auftreten lassen, der hier als Gegenfigur dienen soll. So ist dieses Stück, meine ich, keineswegs überholt. Der Lehrer, der es behandelt, ist gut beraten, auf die nach wie vor aktuelle Kritik Ludwig Börnes einzugehen.

Und wie wäre es mit den »Räubern« in der Schule? Es geht doch hier um eine Gruppe von Menschen, die sich aus der verachteten und verhaßten Gesellschaft zurückziehen, um eine neue, eine gerechte Welt zu errichten. Um der Sache willen halten sie einen gewalttätigen Umsturz für notwendig und natürlich für gerechtfertigt. Die Parallele zu der Revolte von 1968 liegt doch auf der Hand, über die Ähnlichkeiten und Unterschiede läßt sich da allerlei sagen und diskutieren. Bei dieser Gelegenheit: Mich hat in meiner Jugend Karl Mohr ungleich mehr fasziniert als Old Shatterhand, Schillers Räuber mehr als alle Indianer Karl Mays.

Das größte politische Drama Schillers ist der »Wallenstein«. Ist es unmöglich, den Schülern zu zeigen, daß hier die Politiker Konflikte zu lösen hatten, vor denen auch unsere heutigen Politiker stehen?

Neben Dramen von Schiller könnte man in der Schule auch auf wenigstens eine seiner einst so populären und oft verspotteten Balladen hinweisen. Manche lassen sich heute nicht ganz ernst nehmen, aber es gibt auch solche, die nichts von ihrem Glanz eingebüßt haben. Ich halte die »Kraniche des Ibykus« nach wie vor für eine der schönsten Balladen in deutscher Sprache. Da ließe sich immerhin erklären, was das Theater bewirken kann.

Natürlich: Um die Liebe zu Schiller zu wecken, muß man selber Schiller kennen und lieben. Ich weiß nicht, ob das für alle unsere Deutschlehrer gilt.

*Wie beurteilen Sie das Niveau der Feuilletons in unseren großen Zeitungen?*
*In Ihrem Gespräch im »Stern« vom 9. Oktober sagen Sie über das heutige Feuilleton: »Viele Artikel sind interessant, aber langweilig.« Wie soll man das verstehen?*

Ich sehe keinen dringenden Grund, über das Feuilleton in unseren großen Zeitungen lauthals zu klagen. Sein vielleicht wichtigster Vorzug: die Vielfalt der Themen, der meist beachtliche Reichtum des Angebots. Sein möglicherweise größter Fehler: Es werden täglich, mal in dieser, mal in jener Zeitung, Artikel gedruckt, Kommentare, Kritiken, Glossen, die schwer verständlich sind und bisweilen ganz unverständlich. Es gibt Spezialisten für derartiges, wenn man deren Namen liest, ist man gut beraten, den von ihnen verfaßten Artikel überhaupt nicht zu lesen. Denn: Es ist schade um die Zeit.
Aber der Frage, warum manche Kollegen so schwierig und abscheulich schreiben, will ich nicht ausweichen. Nur kann ich es mir leichtmachen und die Sache mit Hilfe von Zitaten aufklären.
Erstes Zitat: »Sie streben nach dem Schein, viel mehr und tiefer gedacht zu haben, als der Fall ist. Sie bringen demnach, was sie zu sagen haben, in gezwungenen, schwierigen Wendungen, neu geschaffenen Wörtern und weitläufigen, um den Gedanken herumgehenden und ihn verhüllenden Perioden vor.« – Zweites Zitat: »Nichts ist leichter, als so zu schreiben, daß kein Mensch es versteht; wie hingegen nichts schwerer, als bedeutende Gedanken so auszudrücken, daß

jeder sie verstehen muß.« – Drittes Zitat: »Man brauche gewöhnliche Worte und sage ungewöhnliche Dinge: aber sie machen es umgekehrt.« – Dies alles betrifft das Feuilleton unserer großen Tages- und Wochenzeitungen. Freilich hat es einer geschrieben, der vor 143 Jahren gestorben ist. Sein Name: Arthur Schopenhauer.

Ich kann mit noch einem schönen Zitat dienen, einem neueren: »Verwickelte Dinge kann man nicht simpel ausdrücken, aber man kann sie einfach ausdrücken. Dazu muß man sie freilich zu Ende gedacht haben, und man muß schreiben, ohne dabei in den Spiegel zu sehen.« Auch dieser Autor ist schon lange tot, rund siebzig Jahre – und doch sehr aktuell. Sein Name: Kurt Tucholsky. Bei dieser Gelegenheit empfehle ich die Lektüre der Feuilletons von Tucholsky: Von ihm kann man nach wie vor wie von nur wenigen Schriftstellern des 20. Jahrhunderts lernen, klar, leicht und verständlich zu schreiben.

Hier noch drei bescheidene Ratschläge für meine jüngeren Kollegen. Erstens: Macht so häufig wie möglich Gebrauch von einem überaus nützlichen Buch – dem Duden-Fremdwörterbuch. Dort läßt sich so gut wie immer erfahren, mit welchem deutschen Wort man ein aus dem Lateinischen oder Griechischen stammendes Fremdwort ersetzen kann. Denn Ihr wollt doch, das will ich hoffen, verstanden werden, aber die meisten Zeitungsleser haben weder Latein noch Griechisch gelernt.

Zweitens: Ich empfehle dringend, so häufig wie möglich von dem schönsten und wichtigsten Interpunktionszeichen unserer Sprache Gebrauch zu machen – dem Punkt. Immer wieder gibt es im Text mancher Autoren ein Komma oder ein Semikolon, wo wir alle mit einem harten und schlichten Punkt besser bedient wären.

Und drittens: Denkt, bitte, während der Arbeit an einem Manuskript nicht an Eure Kollegen oder Vorgesetzten, sondern an den Leser. Das ist ein unangenehmes, ein gefährliches Wesen, immer bereit, sich von der abonnierten oder gekauften Zeitung verärgert abzuwenden und eine andere auszuprobieren.
Was nun jene Artikel angeht, die interessant, aber langweilig sind, so ist das ein einfacher, doch beinahe täglich in diesem oder jenem Feuilleton zu findender Sachverhalt. Da gibt es eine Meldung, eine Neuigkeit, eine Äußerung, ein Gerichtsurteil, ein dolles Gerücht – alles nicht unwichtig und nicht uninteressant. Doch was man darüber in der Zeitung lesen kann, ist leider langweilig. Warum? Weil sich der Kollege nicht genug Mühe gegeben hat, das Material so zuzubereiten, daß man es mit Vergnügen lesen kann – oder jedenfalls, ohne zu gähnen.
Allerdings gibt es glücklicherweise Feuilletonisten, die sogar über ein langweiliges Thema interessant schreiben können und die den langweiligsten Roman der Welt so besprechen, daß man ihre Kritik freiwillig zu Ende liest. Apropos unsere Buchkritik – hierüber ist viel zu sagen, aber doch bei anderer Gelegenheit.

*Woran erkennt man eine gute Literaturverfilmung?*

In dieser Frage mißtraue ich ein wenig dem Wort »Literaturverfilmung«, weil ich vermute, daß etwas anderes gemeint ist – nämlich Filme, denen literarische Werke, meist Romane, bisweilen auch Dramen, als Vorlage dienen. Handelt es sich um bloße Verfilmungen, dann sollte man prüfen, ob die Filmemacher der Vorlage treu geblieben sind und möglichst nichts entstellt haben. Das ist nicht unwichtig bei Werken des großen klassischen Repertoires. Wenn man also Schillers »Wallenstein« oder »Don Carlos« verfilmt, was ja geschehen ist, dann darf man schon erwarten, daß bei den Zuschauern, die in ihrer überwiegenden Mehrheit diese Dramen weder gelesen noch auf der Bühne gesehen haben, kein falscher Eindruck entsteht, daß also nichts entstellt wird, was Schiller gewollt und gezeigt hat.

Anders sieht es aus bei Filmen, die zwar auf literarische Arbeiten zurückgehen – im Vorspann heißt es oft: »nach Motiven von …« –, doch eindeutig etwas Eigenes anstreben. Das ist so zulässig wie üblich: Wir haben es schließlich mit einer selbständigen Kunstgattung zu tun, die seit mehr als hundert Jahren besteht. Bei solchen Formen entscheidet einzig das Ergebnis, es kommt nur darauf an, ob letztlich etwas Gutes entstanden ist. Das Verhältnis dessen, was auf der Leinwand geboten wird, zu der Vorlage ist in diesen Fällen unerheblich, wenn nicht ganz belanglos. Daher kann es passieren, daß Filme, denen literarisch unbedeutende, ja ganz triviale Romane zugrunde liegen, sich dank der Leistung des Drehbuchautors, des Regisseurs und der Schauspieler als künstlerisch beachtliche Leistungen erweisen. Andererseits gibt es große Schriftsteller, deren Werke den Bemühungen der Filmleute starken Widerstand leisten. Der Hauptgrund sind sprachliche Qualitäten, die sich im Film schwer oder überhaupt nicht verwerten lassen.

Hier gleich ein Beispiel: Thomas Mann. Er wurde kräftig geplündert: Die »Buddenbrooks«, »Tonio Kröger«, »Wälsungenblut«, »Königliche Hoheit«. »Zauberberg«, »Mario und der Zauberer«, »Lotte in Weimar«, »Doktor Faustus«, »Bekenntnisse des Hochstaplers Felix Krull« – die Aufzählung ist bestimmt noch nicht vollständig. Sicher ist: Diese Filme sind schlecht oder schwach oder, bestenfalls, ganz gut, doch eben nicht sehr gut. Die meisten sind inzwischen vergessen.

Nur ein Meisterwerk gibt es: »Der Tod in Venedig«. Aber der Regisseur Visconti hatte keine Bedenken, von dieser Novelle stark abzuweichen, ja sogar den Beruf der Hauptfigur zu ändern – sie ist nicht mehr ein Schriftsteller, sondern ein Komponist. Die Dialoge sind glücklicherweise nicht aus Thomas Manns Text übernommen, der sich sehr schwer sprechen läßt. Visconti war kühn genug, neue Dialoge zu schreiben oder schreiben zu lassen. Und gerade ihm ist im Unterschied zu seinen Vorgängern ein tatsächlich selbständiges Filmkunstwerk gelungen. Mehr noch: Gerade dieser Film, der mit der Vorlage sehr frei umgeht, gibt ihre Atmosphäre und ihre Problematik glänzend wieder. Ähnliches gilt für den Film »Der junge Törleß« nach Robert Musil (Regie: Volker Schlöndorff), für Fassbinders »Berlin Alexanderplatz« (nach Döblin) und »Effi Briest« (nach Fontane), für mehrere Filme nach Romanen von Joseph Roth und auch Franz Werfel.

Es stellte sich erfreulicherweise immer wieder heraus, daß gerade die ernsten und wertvollen Filme, die eigene Wege gehen, zum enormen Verkauf der jeweils als Vorlage benutzten Romane und Erzählungen beigetragen haben, und zwar unabhängig von der Werktreue. Wenn die Filme wirklich gut sind, profitiert nicht nur das Publikum, sondern zusammen mit der Filmkunst auch die Literatur. Also: Die Qualität ist hier wichtiger als die Pietät.

*Was charakterisiert die vielgerühmte Literatur der Weimarer Republik?*

Die deutsche Literatur zwischen 1918 und 1933 läßt sich nicht auf einen oder einige gemeinsame Nenner bringen. Denn wir haben es mit einer Übergangszeit zu tun. In ihr verwirklichen sich alle wesentlichen Bestrebungen der vorangegangenen Epoche: Was immer in der deutschen Literatur seit dem Naturalismus von Bedeutung war, erreicht in dieser kurzen Periode einen neuen Höhepunkt, wird vollendet oder auf höchst bemerkenswerte Weise fortgesetzt. Man denke an Rilke, Hofmannsthal und Stefan George, an Thomas Mann und Franz Kafka, Hesse und Schnitzler.

Zugleich aber ist dies die Epoche der bahnbrechenden Schriftsteller gewesen, die die nächsten Jahrzehnte angeregt und geprägt haben: Was immer in der Literatur nach 1945 von Bedeutung war, hat seinen Keim und Ursprung, sein Modell und Vorbild in jener großen Übergangszeit – um hier nur auf Brecht und Benn zu verweisen, auf Döblin und Musil und abermals auf Kafka.

Vom Expressionismus bis zur Neuen Sachlichkeit – mit diesen Stichworten ließe sich, vereinfachend natürlich, die Literatur der Weimarer Republik charakterisieren. Die Neue Sachlichkeit war die Reaktion auf den schnell ausgelaufenen Expressionismus, auf den steilen Ton, auf die gewaltigen Aufschreie, die ewigen Ausrufezeichen. Nun folgte die Literatur der Sachlichkeit und der Nüchternheit, der kühlen Feststellung, des Understatements. Bisweilen wurde das Hymnische vom Schnoddrigen abgelöst.

Die bedeutenden Lyriker der Zeit kamen vom Expressionismus. Freilich wollten sie meist nichts davon hören, weil sie diese Vokabel als Abstempelung empfanden. Das gilt für

Gottfried Benn, auf dessen Weltsicht die Medizin einen starken Einfluß hatte. Vom Expressionismus kamen auch Klabund und Franz Werfel. Der Neuen Sachlichkeit wiederum wurden die lange unterschätzten Satiriker Joachim Ringelnatz und Erich Kästner zugerechnet. Doch den wichtigsten Beitrag zur Poesie der Epoche hat wohl Bertolt Brecht geleistet, der Dramatiker und vor allem der Lyriker. Im Drama waren neben dem jungen Brecht und dem alten Gerhart Hauptmann auch neue, in den späten Jahren der Weimarer Republik zugekommene Autoren erfolgreich: Carl Zuckmayer und Ödön von Horváth.

Doch viele der großen Schriftsteller der Weimarer Republik haben sich um die Richtungen, die Programme und die Schlagworte überhaupt nicht gekümmert. Sie haben unbeirrt das Ihrige gemacht. Thomas Mann schrieb das Jahrhundertwerk, den »Zauberberg«, Hermann Hesse den »Steppenwolf«, Joseph Roth den »Radetzkymarsch«, Robert Musil den »Mann ohne Eigenschaften«, von Arthur Schnitzler erschienen seine letzten Novellen (so »Fräulein Else«), von Franz Kafka (erst nach seinem Tod im Jahr 1924) seine zentralen Werke, die Romane »Der Prozeß« und »Das Schloß«.

Sollte man aber ein Werk nennen, das alle Richtungen und Strömungen der Weimarer Republik vereint, in dem sich viel von der Neuen Sachlichkeit finden läßt, viel Expressionismus und sogar noch manches vom Naturalismus, dann ist es ein bahnbrechender Roman, der mit neuen Ausdrucksmitteln die Atmosphäre der Zeit wie kein anderer wiedergibt: Alfred Döblins »Berlin Alexanderplatz«. Und schließlich wollen wir jene großen Schriftsteller nicht vergessen, die, vom Journalismus kommend, Neues und Überraschendes geleistet und damit den Ton und die Atmosphäre der Epoche in hohem Maße mitbestimmt haben: den Feuilletonisten Kurt Tucholsky, den Reporter Egon Erwin Kisch und den Theaterkritiker Alfred Kerr.

Vielseitig und vielschichtig, unruhig und dynamisch, vital und impulsiv, schillernd und widerspruchsvoll, keine Grenzen respektierend und über alle Ufer tretend – so bietet sich uns die Literatur zwischen den deutschen Katastrophen dar. Nichts charakterisiert sie mehr als der Umstand, daß sie sich in ihrer Gesamtheit eben nicht charakterisieren läßt. Für sie mag gelten, was Brecht in einem »Psalm« bekannt hat: »Wer immer es ist, den ihr sucht: ich bin es nicht.« Aber spricht das gegen die deutsche Literatur zwischen 1918 und 1933? Spricht etwa gegen sie die verblüffende Vielfalt der Möglichkeiten, die sie gefunden hat, um ihre Zeit zu sichten? Die außerordentlichen Schwierigkeiten, die sie jenen bereitet, die eine übersichtliche Ordnung schaffen möchten – wovon zeugen sie eigentlich? Vielleicht von der Skala, der Originalität und der Lebenskraft dieser Literatur.

*Ärzte als Romanfiguren gibt es bei Balzac, Fontane, Dickens, Zola, Tolstoi und vielen anderen. Nicht wenige berühmte Autoren waren selber Ärzte: Tschechow, Döblin, Schnitzler, Benn. Wie kommt es zu der eigenartigen Nähe von Literatur und Medizin? Ist es Zufall?*

Wie kein anderer Berufsstand haben sich die Mediziner um die neuere deutsche Literatur verdient gemacht. Ja, es ist der Literatur in hohem Maße zugute gekommen, wenn sich schriftstellerisches Talent und medizinische Erkenntnis miteinander vereinten. Und wann immer die Medizin klug genug war, sich um den Zusammenhang von physischen und psychischen Leiden zu kümmern, konnte sie ausgiebig von der Literatur profitieren.

Arthur Schnitzler war rund zehn Jahre als Arzt tätig, bevor er sich ganz der Literatur widmete. Ein großer Teil seines schriftstellerischen Werks steht unter dem unmittelbaren Einfluß seiner medizinischen Erfahrungen. Mit seinen früheren Werken hat er die erzählende Prosa und das Drama revolutioniert.

Ein leidenschaftlicher Arzt war auch Alfred Döblin. Er publizierte zunächst medizinische Arbeiten, vorwiegend aus dem Bereich der Psychiatrie und der Neurologie. Er betrachtete seine Kassenpatienten wie Romanfiguren – und die Personen, die sein episches Universum bevölkern, wie Patienten. Seine täglichen Erlebnisse als Armenarzt lieferten ihm den Stoff für sein Meisterwerk, den Roman »Berlin Alexanderplatz«.

Aber die Medizin hat auch die deutsche Lyrik gründlich geändert. Dies ist vor allem das Werk eines Mannes, der vierzig Jahre lang als Facharzt für Haut- und Geschlechtskrankheiten tätig war: Gottfried Benn. In einem nicht kleinen Teil seiner Poesie dominieren Verfall und Verwesung, ihren düsteren Hintergrund bilden das Leichenschauhaus und der Sektionssaal.

Ohne Schnitzler, Döblin und Benn läßt sich die moderne deutsche Literatur überhaupt nicht mehr denken. Übrigens: Es hat im 20. Jahrhundert noch viele andere schreibende Ärzte gegeben – von Ernst Weiss bis Hans Carossa.

Schopenhauer sagte, der Jurist sehe den Menschen in seiner ganzen Schlechtigkeit, der Theologe in seiner ganzen Dummheit und der Arzt in seiner ganzen Schwäche. Gerade dies hat der Arzt mit dem Schriftsteller gemein. Denn wenn es ein Wort gibt, das die Werke der Weltliteratur miteinander verbindet, dann ist es die Vokabel »Krise«. Werther und Wallenstein, Hamlet, der Prinz von Dänemark, und Friedrich, der

Prinz von Homburg, die Karamasows und die Buddenbrooks – immer wieder zeigt uns die Literatur das Individuum im Zustand der Krise.
Natürlich, der Arzt und der Schriftsteller – sie haben unterschiedliche Aufgaben und Möglichkeiten, doch die einen wie die anderen sind Fachleute für menschliche Leiden. Die einen wollen diese Leiden beschreiben, erkennbar und bewußt machen, die anderen wollen sie verdrängen und vertreiben oder zumindest verringern. Indem sie heilt, korrigiert die Medizin die Natur, sie widersetzt sich dem Lauf der Welt. Die Literatur kann niemanden heilen, aber wer erzählt, wer dichtet, will die Zeit aufhalten und das Geschehene erhalten. Wer Romane verfaßt oder Theaterstücke, widersetzt sich dem Chaos und der Willkür.
Der Arzt und der Schriftsteller – sie rebellieren gegen die Vergänglichkeit. Sie haben stets das gleiche Ziel vor Augen: die Verteidigung des Lebens. Und einen gemeinsamen Feind: den Tod. So darf man denn sagen, daß sie Geschwister sind – die Medizin und die Literatur.

*Verliert man als Kritiker nicht irgendwann die Lust am Lesen? Ist das Lesen für Sie inzwischen nicht zu einer großen Last geworden?*

Jeder Beruf wird, wenn man ihn jahrzehntelang, vielleicht gar ein Leben hindurch ausübt, mehr oder weniger langweilig und schließlich zeitweise sogar qualvoll. Ein älterer Arzt hat mir gesagt, was ich gar nicht wissen wollte: daß er es nicht mehr ertragen könne, den ganzen Tag über, unentwegt die Klagen seiner Patienten über ihre unzähligen Beschwerden zu hören.

Meinen Sie – fragte mich ein guter Musiker –, daß es ein Vergnügen ist, Beethovens »Eroica« oder Schuberts »Unvollendete« zum 139. Mal zu dirigieren? Ein Pianist sagte mir, er sei bei den Konzertveranstaltungen unbeliebt, weil er sich weigere, Tschaikowskys b-Moll-Konzert und das Grieg-Konzert zu spielen. Er genierte sich, mir zu verraten, wie oft er die beiden Konzerte schon gespielt hatte.

Der Arzt und der Musiker – das sind nur zwei Beispiele. Jeder kann Dutzende ähnlicher Beispiele anführen. Ich will hier lieber eine Kleinigkeit erzählen, die viele Jahre zurückliegt. 1960 kam es im Zug von Köln nach Hamburg zu meiner ersten Begegnung mit Yehudi Menuhin. Wir unterhielten uns zuerst über David Oistrach, den er, wie es sich herausstellte, für den größten lebenden Geiger hielt. Dann lenkte ich das Gespräch auf ein mich interessierendes Thema: die Monotonie des Virtuosendaseins. Menuhin reiste damals von Stadt zu Stadt und trat jeden Abend auf: Er spielte zusammen mit seiner Schwester Hephzibah eine Beethoven- und eine Brahmssonate. Ob das nicht – fragte ich ihn –, wenn man es wochenlang tue, auf die Dauer sehr anstrengend sei und, darauf kam es mir besonders an, vielleicht auch langweilig werde. Menuhin überlegte nur einen Augenblick und gab mir dann eine Antwort von großer Schlichtheit, wenn nicht gar Banalität. Aber ich habe sie nie vergessen. Er sagte mir: »Wenn man sich jeden Abend wirklich Mühe gibt, wird es nie langweilig.« Gilt das auch für den Kritiker?

Eine Musikrezensentin klagte mir, sie müsse für ihre Zeitung allwöchentlich über vier bis fünf Konzerte schreiben; und sie könne sie sich nicht auswählen. Da in diesen Konzerten damals (es war in einer deutschen Großstadt) immer wieder dieselben Symphonien, vor allem Beethoven, gespielt wurden, konnte sie es nicht mehr aushalten. Sie litt unter

Kopfschmerzen, die immer schlimmer wurden, und mußte schließlich den Beruf aufgeben.

Auch ich habe an meinem Beruf bisweilen gelitten, doch war es nie so schrecklich, daß ich auf ihn hätte verzichten wollen. Der Hauptgrund: Die Qualität oder, richtiger gesagt, die Miserabilität vieler Bücher, die ich lesen mußte oder wollte. Dabei ging es mir ungleich besser als anderen Kritikern. Ich war ab 1960 vierzehn Jahre lang Kritiker der »Zeit« und konnte mir die Bücher, die ich besprechen wollte, selber aussuchen. Dennoch geschah es nicht selten, daß ich mich mit schlechten, gelegentlich sogar höchst langweiligen Romanen befassen mußte. Ich hatte dann aufzupassen, daß ich mich für diese Leiden nicht an dem Autor räche, daß also meine Ablehnung nicht gar zu heftig gerate. Ich bin nicht sicher, ob mir das immer gelungen ist. Auch später, als ich fünfzehn Jahre lang den Literaturteil der Frankfurter Allgemeinen leitete, und in den folgenden Jahren, als ich für das »Literarische Quartett« verantwortlich war, habe ich an manchen Büchern schrecklich gelitten.

Aber für diese Leiden wird man entschädigt. Denn von Zeit zu Zeit erscheinen Bücher, die den ermüdeten Berufsleser begeistern und beglücken. Darauf kommt es immer wieder an: daß man sich die Begeisterungsfähigkeit bewahrt. Und daß man die Antwort des großartigen Geigers Menuhin beherzigt.

*Wie schätzen Sie die Bedeutung des elsässischen Schriftstellers René Schickele ein? Ist das Vorhaben seines Lebens durch die deutsch-französische Versöhnung für heutige Leser uninteressant geworden?*

Romane sind wie Menschen, wie Tiere, wie Pflanzen. Sie haben eine bestimmte Lebenszeit, und dann sterben sie. Dagegen ist kein Kraut gewachsen. Wie lange lebt ein Roman? Zunächst einmal: Die meisten leben überhaupt nicht, es sind Totgeburten. Das heißt: Sie werden gedruckt, vielleicht ein wenig verkauft und vielleicht sogar etwas gelesen. Das ist ein Prozeß, der einige Wochen oder Monate, in seltenen Fällen einige Jahre dauert.

Und dann landen diese Romane in den Mülltonnen, bestenfalls im Antiquariat. Nach wenigen Jahren erinnert sich an ein solches Buch nur ein einziger Mensch auf Erden: der Autor, der meist fest davon überzeugt ist, sein wunderschöner Roman sei von der Kritik, der gehässigen und infamen, vernichtet worden.

Aber gibt es denn keine Romane, die länger leben, die einige Jahre oder gar Jahrzehnte gelesen werden? Sehr wohl, aber das sind die Produkte der nicht zahlreichen guten und bedeutenden Schriftsteller, diese Bücher können in manchen Fällen tatsächlich ein halbes Jahrhundert leben, bevor sie dann in Bibliotheken und Archiven verschwinden.

Und das ist alles? Nein, es gibt noch die Bücher der Genies: den »Werther«, die »Wahlverwandtschaften«, »Effi Briest«, die »Buddenbrooks« und noch einige. Davon haben wir in einem ganzen Jahrhundert ein halbes Dutzend, wenn es hoch kommt vielleicht ein ganzes Dutzend – mehr auf keinen Fall.

Alles andere, noch einmal sei es gesagt, ist vergänglich. Und es ist völlig zwecklos, darüber immer wieder zu klagen und zu jammern. Das tun besonders oft ältere Leute, die sich gern an diese Romane erinnern, die ihnen vor vierzig oder sechzig Jahren sehr gefallen haben.

Damals, sagen sie, seien die Romane besser gewesen. Das mag ja sein, denn einst war alles besser: Das Wetter war schöner, die Eier und die Gurken waren billiger und die Mädchen, was ich übrigens nicht glaube, williger. Kurz und gut: Mit der Vergänglichkeit (eben auch der Literatur) müssen wir uns abfinden.

Doch hier und heute wird nach René Schickele gefragt. In den achtziger Jahren hatten wir in der F.A.Z. eine Artikelserie, die jahrelang gedruckt wurde: »Romane von gestern – heute gelesen«. In dieser Serie schrieb Peter Härtling über René Schickeles Roman »Die Witwe Bosca«, zuerst veröffentlicht 1933.

Er meinte, von Schickele werde zwar noch gelegentlich gesprochen, »doch gelesen wird er, fürchte ich, kaum mehr. Das ist nicht zu verstehen, denn seine Prosa ist beweglich, klar und leicht.« Das war im März 1980.

Inzwischen hat sich die Situation geändert: Von Schickele wird überhaupt nicht mehr gesprochen, und gelesen wird er nach wie vor so gut wie gar nicht. Aber Härtling hatte recht: Seine Prosa ist tatsächlich beweglich, klar und leicht. Mehr nicht. Und das reicht eben nicht aus, um ein halbes oder beinahe ein ganzes Jahrhundert zu überleben. Denn ein solcher Kerl war der durchaus beachtliche, ja gute Schriftsteller Schickele eben nicht. Damit muß man sich abfinden: Daß Bücher mit der Zeit absterben und Platz machen für die Werke der nächsten Generationen.

Übrigens: Einige Titel von Schickele sind lieferbar, alle anderen gibt es in Antiquariaten und in Bibliotheken.

*Wieso glaubt jeder Prominente (und Nicht-Prominente), seine Autobiographie schreiben zu müssen? Woher kommt dieses Schreibbedürfnis?*

Das ist eine ernste und gar nicht einfache Frage. In einer Marginalie von Goethe »Über die Autobiographie« findet sich die verblüffende und nicht eben überzeugende Behauptung, die Frage, ob einer seine eigene Biographie schreiben dürfe, sei höchst ungeschickt gestellt. Goethe meint, es sei geradezu die Höflichkeitspflicht eines Menschen, über seine Person Bericht zu erstatten: »Wenn sich einer nur mitteilt, so ist es ganz einerlei, aus was für Motiven er es tut.« Vielleicht hatte Goethe nicht ganz unrecht. Denn letztlich ist jedes menschliche Leben – und das wollte er wohl sagen – in Grenzen interessant und belehrend.

Aber die meisten Autobiographien sind belanglos, langweilig und überflüssig. Die Motive, die einen Menschen veranlassen, sich mitzuteilen, mögen ganz einerlei sein, wenn er – und darauf kommt es ja Goethe an – sich wirklich, sich tatsächlich mitteilt. Daher ist es keineswegs gleichgültig, ob die jeweilige Person hierzu auch imstande ist. Dazu sind zwei Voraussetzungen unbedingt nötig: erstens, die Fähigkeit, das Wesentliche und Charakteristische des eigenen Lebens und der Welt, in der es stattgefunden hat, wahrzunehmen, und, zweitens, die (äußerst seltene) Fähigkeit, dies auch auszudrücken.

Bei den weitaus meisten Menschen sind die notwendigen Voraussetzungen nicht gegeben. Warum also schreiben oder diktieren sie einem Helfer die Geschichte ihres Lebens? Weil sie sich einbilden, es unterschiede sich auf außergewöhnliche Weise von dem Leben ihrer Zeitgenossen. Weil ihr Mitteilungsbedürfnis enorm ist. Weil es ihnen Spaß macht, ihr Leben mehr oder weniger zu korrigieren und es schließlich so darzustellen, wie es ihrer Ansicht nach hätte verlaufen können oder sollen. Weil sie hoffen, ihre Selbstdarstellung werde ihnen einbringen, wovon jeder Schreibende, auch Shakespeare und Goethe, Bach und Mozart, geträumt hat, nämlich Ruhm und Geld. Weil sie sich auf jeden Fall, um es bescheiden auszudrücken, nach Aufmerksamkeit für ihre Person sehnen.

Erfolgreiche ebenso wie erfolglose Mediziner, Theologen, Regisseure, Architekten, Sänger, Sportler, Politiker produzieren Autobiographien. Aber es genügt ihnen nicht, derartiges geschrieben zu haben. Sie verschicken es sofort an zahllose Kritiker und Redakteure. Den Begleitbriefen, die meist in schauderhaftem Deutsch verfaßt sind, kann man entnehmen, daß es sich bei dem zugesandten Manuskript um eine besonders spannende Lebensgeschichte handelt. Sowohl die Schwiegermutter des Autors als auch seine Stieftochter finden das Buch fabelhaft, und beide haben geraten, das Manuskript mir, nur mir zu schicken, denn gerade ich werde bestimmt für eine so humorvolle und aufschlußreiche Geschichte viel Verständnis haben und es sofort einem Verleger nachdrücklich empfehlen.

Natürlich, denn das autobiographische Buch muß unbedingt gedruckt werden. In den Briefen kann man auch häufig eine empörte Feststellung lesen: dieses Werk sei bereits von, sage und schreibe, 23 deutschen Verlagen abgelehnt worden. Dies aber könne nur einen einzigen Grund haben: Niemand hat es gelesen, denn sonst sei die Ablehnung schlechthin unerklärlich.

Geben nun die meist emeritierten und noch nicht emeritierten Lehrer, Schauspieler, Diplomaten, Zahnärzte, Pfarrer, Hebammen, Bildhauer und Steuerberater Ruhe? Keineswegs.

Wir leben ja glücklicherweise in einem freien Land, und also kann jeder seine Selbstdarstellung drucken lassen. Nur muß er dafür bezahlen. Es gibt in den deutschsprachigen Ländern viele Druckereien, die bisweilen auch als Verlage registriert sind und gern publizieren, was der Kunde liefert. Es ist nur ein saftiger »Druckkostenzuschuß« erforderlich. Oder man läßt sein Buch in einem »Selbstverlag« erscheinen.
Nun kommt die nächste Enttäuschung: Zwar hat der Autor sein Buch allen Zeitungen und Rundfunksendern zugeschickt, aber die schnöden, die infamen Redakteure haben nicht einmal den Erhalt bestätigt. Doch dem so erfreulichen Umstand, daß wir in einem freien Land leben, verdanken wir alle noch eine weitere Möglichkeit: Wir können das autobiographische Zeug ignorieren.
Aber wir haben doch auch gute, herrliche Autobiographien, dieser Gattung gehört eines der berühmtesten deutschen Prosabücher an: »Dichtung und Wahrheit«. Wodurch unterscheidet sich eine gute, gar geniale Selbstdarstellung von einer minderwertigen? Auf diese Frage gibt es viele Antworten. Ich will mich hier und heute mit einer einzigen begnügen: In der guten Autobiographie ist immer, bisweilen zwischen den Zeilen, zusammen mit dem Selbstporträt des Autors auch das Bild der Epoche enthalten, in der sich sein Leben abgespielt hat.

*Viele Autoren haben Sie durchgesetzt. Bei wenigstens einem sind Sie damit gescheitert: Hermann Burger liest heute kaum jemand. Ist das eine Niederlage von Ihnen? Oder haben Sie sich damals getäuscht?*

Erst einmal eine Gegenfrage. Woher wissen Sie eigentlich, daß der Schweizer Hermann Burger heute kaum noch gelesen wird? Viele seiner Bücher sind lieferbar, zum Teil in Antiquariaten. In Schulen wird seine Prosa im Deutschunterricht sehr wohl gelesen, zumal die wunderbare Geschichte »Der Orchesterdiener«. Kaum eine Anthologie der neueren deutschen Literatur, in der Burger fehlen würde. In der Schweiz wird er natürlich ganz besonders geschätzt.

Gewiß, vor zwanzig Jahren stand er im Mittelpunkt des literarischen Gesprächs, heute ist das mit Sicherheit nicht mehr der Fall. Und was soll nun daran bemerkenswert sein? Das gilt auch, mehr oder weniger, für andere einst bekannte und vieldiskutierte Schriftsteller, die heute nicht mehr leben, um solche Autoren wie Hans Erich Nossack, Marie Luise Kaschnitz, Wolfgang Hildesheimer, Wolfdietrich Schnurre, Hubert Fichte oder Jurek Becker. Ich könnte hier mühelos noch zehn oder zwölf weitere Namen aufzählen.

Was wäre damit bewiesen? Daß die Zeit vorangeht, daß viele neue Schriftsteller hinzukommen und die meisten von gestern in der Regel auch nicht annähernd jene Rolle im öffentlichen Bewußtsein spielen, deren sie sich zu ihren Lebzeiten erfreuten. Was sollte nun daran bemerkenswert oder gar verwerflich sein?

Und warum bin ich denn, wie der Leser aus Saarbrücken meint, gescheitert? Habe ich etwa vorausgesagt, daß noch zehn Jahre nach dem Tod Hermann Burgers (er starb 1989) sein Name in aller Munde sein werde? Ich habe noch nie eine derartige Prophezeiung gewagt. Auch in Zukunft ist eine solche Äußerung von mir weder zu erhoffen noch zu befürchten. Der Grund: Sie würde meine Zuständigkeit als Kritiker überschreiten. Denn ich bin für die deutsche Literatur der Gegenwart und der Vergangenheit zuständig und nie und nimmer für die Literatur der Zukunft.

Ich kann auch das literarische Leben nicht prophezeien. Wenn ich nach dem Tod eines Schriftstellers von Zeitungen gefragt werde, was denn von ihm bleiben werde, verweigere ich die Antwort. Genauer: Ich antworte schon und sehr höflich, nur ändere ich unmerklich die mir gestellte Frage. Ich sage bloß, welche Werke des gerade gestorbenen Schriftstellers, welche seiner Dramen, Romane oder Novellen ich für die schönsten, die wichtigsten halte. Und ich muß, wenn man mich fragt, ob man in zwanzig Jahren Wolfgang Koeppen noch lesen oder Thomas Bernhard noch spielen werde, stumm bleiben, obwohl ich doch beide bewundere und sehr natürlich wünsche, daß sie nicht etwa in Vergessenheit geraten.

Nun werde ich aber oft gefragt, ob ich mich in diesem oder jenem meiner vor zwanzig oder vierzig Jahren veröffentlichten Aufsätze getäuscht, geirrt habe. Ja, das ist sehr möglich, aber, um Gottes willen, woher soll ich das denn wissen? Ich habe vor zwanzig oder vierzig Jahren geschrieben, was ich damals von dem Roman gehalten, was ich damals empfunden und gedacht habe, was mir damals gefallen oder mißfallen hat. Das ist nun einmal publiziert, ich kann es weder revidieren noch zurücknehmen.

Sollte ich das Buch jetzt noch einmal lesen, dann allerdings könnte und müßte ich sagen, was ich jetzt von dem Buch halte und daß ich, möglicherweise, dies oder jenes in dem Buch nach vielen Jahren anders lese und verstehe, daß ich manches, was ich einst gelobt oder getadelt habe, jetzt anders beurteile, vielleicht positiver, vielleicht negativer. Wollte ich aber erklären, ich hätte mich vor dreißig Jahren geirrt, dann müßte ich damit rechnen, daß man mich sofort fragt, woher ich denn die Sicherheit nehme, daß ich mich jetzt nicht wieder irre und täusche. Eine solche Sicherheit gibt es nie.

Mit anderen Worten: Der Kritiker – das ist jedenfalls meine Überzeugung – kann nicht alte Urteile korrigieren, wohl aber kann er neue Urteile fällen, die die früheren bestätigen oder von ihnen mehr oder weniger stark abweichen, die sie geradezu widerlegen. Doch ist der Kritiker gut beraten, wenn er jetzt, da er um ein neues Urteil bemüht ist, sich nur danach richtet, was ihm bei der abermaligen Lektüre des in Frage stehenden Werks aufgefallen ist. Und er braucht sich nicht darum zu kümmern, ob dieses Buch noch auf dem Markt und im Gespräch ist.

Und wie ist es nun um den großen Schweizer Erzähler Hermann Burger und seinen Nachruhm beschaffen? Auf ihn werden wir demnächst zu sprechen kommen.

*Darf ich Ihnen meinen neuen Roman zuschicken? Er wurde bisher von 21 Verlagen aus mir unbegreiflichen Gründen abgelehnt. Aber einige dieser Verlage haben mein Manuskript freundlich gelobt. Das Buch umfaßt (in der zweiten, erheblich gekürzten Fassung) 497 Seiten und ist sehr spannend.*

Bevor ich diese Frage beantworte, möchte ich einige Briefe zitieren, die ich in den letzten Wochen erhalten habe.

*Ich schicke Ihnen beiliegend meinen während eines Aufenthalts in der Toscana entstandenen Roman mit dem Arbeitstitel »Elvira und Heinrich«. Ich bitte Sie um eine ausführliche und wenn nötig auch strenge Beurteilung.*

*Ich bin ein langjähriger Leser und Bewunderer Ihrer Kritiken, auch wenn ich nicht immer mit Ihnen einverstanden bin. Nun habe ich in meiner karg bemessenen Freizeit einige Novellen geschrieben, die in Thüringen spielen. Sie werden sehen, daß sie sich sehr leicht lesen lassen. Ich hoffe, daß ich Ihr Gutachten rasch bekomme. Wie immer es ausfallen sollte, gehen Sie bitte auf das Manuskript genau ein.*

*Wie soll ich Sie ansprechen? Lieber oder sehr geehrter oder vielleicht Exzellenz oder doch Eure Heiligkeit? Ich sage ganz einfach: Herr Reich-Ranicki. Sie sind nun einmal der Literaturpapst, also sind Sie verpflichtet, jungen Talenten zu helfen. So ganz jung bin ich zwar nicht, nämlich 39, aber ich habe schon zwei kleinere Bücher im Selbstverlag erscheinen lassen. Sie haben in meinem Bekanntenkreis ein freundliches Echo. Darf ich Ihnen das Manuskript meines neuen Romans zuschicken? Sein vorläufiger Titel »Man wird uns nie vergeben!«. Er wird Ihnen sehr gefallen. Übrigens treten in diesem Buch auch jüdische*

*Mitbürger auf, allesamt wohlwollend behandelt. Bitte, nehmen Sie sich meines Romans an und nennen mir gleich den für ein solches Werk geeigneten Verlag.*

*Hallo, Marcel,*
*ich bin die Inge aus Aschaffenburg, 15 Jahre alt. Aber in Kürze werde ich sechzehn. Zum Geburtstag wünsche ich mir von Dir ein Gutachten über meine Gedichte. Ich habe mit zwölf mit der Poesie angefangen und habe schon 400 geschrieben. Aber ich sende Dir vorerst nur 36, wenn ich sie richtig gezählt habe. Die Liebesgedichte (aber gerade jetzt habe ich keinen Freund) gefallen mir am besten. Und Dir?*

*Verehrungswürdiger Herr Reich-Ranicki!*
*Sie müssen mich retten. Ich bin in einer verzweifelten Situation, und Sie sind meine letzte Hoffnung. Ich bin von Beruf Chemiker, doch leider arbeitslos. Das hat auch mit meiner Krankheit zu tun. Ich leide nun schon seit mehreren Jahren an einer schweren Depression. In dieser Zeit habe ich einen umfangreichen Roman mit dem Titel »Die Niederlage« verfaßt. Alle loben ihn, doch niemand will ihn drucken. Sie sind meine letzte Hoffnung. Sie werden sofort die Qualität dieses Buchs erkennen und es einem (aber bitte seriösen!) Verlag empfehlen. Bitte helfen Sie mir. Sonst wird man mich, fürchte ich sehr, in eine geschlossene Anstalt bringen. – Mein Lieblingsdichter ist Friedrich Hölderlin.*

*Liebe Frau Reich-Ranicki,*
*dies ist ein Brief von Frau zu Frau. Sie werden bestimmt für mich Verständnis haben und mir helfen. Also: Vor zwei Wochen habe ich Ihrem Mann die zweite Fassung der Tragödie »Perikles« zugeschickt, die mein Mann während unserer Urlaube*

*auf Sizilien und Sardinien verfaßt hat. Es ist zwar ein antiker Stoff, aber er hat viel mit der SPD gemein. Mehr möchte ich nicht verraten. Wir haben auch eine Antwort von Ihrem Mann erhalten, doch unterschrieben von seiner Sekretärin. Ein sehr schöner Brief, der aber darauf hinausläuft, daß Ihr Mann keine Zeit habe, das Stück meines Mannes zu begutachten. Oh hätte er nur einen Akt gelesen, vielleicht den vierten, in dem auch eine etwas schwule Szene ist – er hätte das Manuskript nicht aus der Hand gelegt. Bitte, suchen Sie das Manuskript in seinem Arbeitszimmer und legen Sie bei ihm ein gutes Wort für uns ein. Ich will nicht sagen, Deutschland warte auf diese Tragödie, aber die SPD ganz sicher.*
*Ich danke Ihnen von Frau zu Frau*

*Herr Reich-Ranicki!*
*So geht das nun wirklich nicht. Ich habe ein Lustspiel geschrieben, das unter deutschen Touristen auf Mallorca spielt und hier und da an den »Sommernachtstraum« erinnert. Das müßte, dachte ich mir, Ihrem Freund Hellmuth Karasek gefallen, der hat ja Sinn für Humor und für dezente Bettgeschichten. Und was geschieht? Nichts, er hat nicht einmal den Empfang des Stücks bestätigt. Ich finde das ungeheuerlich. Ich bitte Sie, sprechen Sie ein Machtwort und bringen Sie die Sache in Ordnung. Immer wird geklagt, daß wir keine Lustspiele hätten, und wenn eins da ist (und ein dolles!) – da will sich keiner drum kümmern.*

*Lieber Herr Reich-Ranicki,*
*diesen Brief schicke ich Ihnen ohne Wissen meiner Tochter Else, 17 Jahre alt. Sie schreibt sehr schöne Novellen, auch etwas gewagte Liebesgeschichten, aber so ist ja die Jugend heute. Ihre Deutsch-Lehrerin, eine schon etwas betagte Studienrätin, hat*

*keinen Sinn für moderne Literatur. Doch Sie, Herr Reich-Ranicki, werden sofort das bemerkenswerte Talent erkennen. Ich schicke Ihnen beiliegend sieben von den sechsunddreißig Geschichten. Schreiben Sie mir doch, was Sie von dieser jungen Pflanze halten. Sie werden sich, dessen bin ich sicher, glänzend amüsieren.*

*Sehr geehrter Herr Reich-Ranicki!*
*Ich bin ein Anfänger, der dringend der Hilfe bedarf. Ich arbeite schon seit zwei Jahren an meinem ersten Roman »Nach dem Sturm«. Mit Ihrer großen Erfahrung werden Sie sofort erkennen, daß ich unter Einfluß von unserem Fontane bin. Allerdings bin ich ein schon älterer Anfänger, denn ich werde demnächst meinen siebzigsten Geburtstag feiern können. Nun sind mir alle Feierlichkeiten zuwider, aber eine Freude möchte ich mir doch bereiten. Mein Roman soll an diesem Tag erscheinen. Helfen Sie mir! Sollte Ihnen mein Roman gefallen, möchte ich ihn Ihnen widmen. Lassen Sie sich nicht die Chance entgehen, einen zweiten Fontane zu entdecken.*

*Lieber Literaturpapst,*
*wir, drei Berliner Schülerinnen im Alter von 14 und 15 Jahren, haben Kummer mit unserer Deutschlehrerin, einer alten Dame, schon beinahe 40 Jahre alt. Wir hatten einen Aufsatz über unser schönstes Ferienerlebnis zu schreiben. Ich hatte mich da etwas über meine Geschichte mit Fred verbreitet – und da kam das Wort »fögeln« vor, das doch harmlos ist. Unsere Lehrerin war empört, das Wort sei unanständig, aber wenn schon, dann müßte man es mit »v« schreiben. Im nächsten Aufsatz habe ich sicherheitshalber ein ähnliches, vielleicht wieder etwas derbes Wort gewählt, diesmal habe ich es vorsichtshalber gleich mit »v« geschrieben, und schon hatte ich wieder einen Fehler ge-*

*macht. Ich hätte es mit »f« schreiben sollen. Also jetzt weiß ich weder aus noch ein. Man hat mit diesem »v« und »f« immer Kummer. Wir, Erna und Lotte, was meine Freundinnen sind, und ich bitten Sie um Hilfe. Der Bundeskanzler, der, wie ich aus der »Lustigen« weiß, auch unseren Lieblingssport gern hat, soll doch anordnen, daß man den Buchstaben »v« abschafft, er, der Buchstabe, nicht der Lieblingssport, ist vollkommen überflüssig. Ein Machtwort des Bundeskanzlers, und alle Schülerinnen und Schüler, Lehrerinnen und Lehrer werden ihm dankbar sein, nicht nur in Berlin. Und wir werden dann wissen, daß unsere Lieblingsbeschäftigung ein für allemal mit »f« beginnt. Der Herr Bundeskanzler, ein eifriger Sportler, wird für uns viel Verständnis haben. Also bitte, wenden Sie sich an ihn, je schneller, desto besser.*

*Herr Reich-Ranicki,*
*Sie müssen mir helfen. Ich bin die Hannelore aus Bad Nauheim, 25 Jahre alt. Unlängst habe ich, nach zwei noch ungedruckten kleineren Arbeiten, einen Roman abgeschlossen. Meine Schwiegermutter, die drei Semester Germanistik studiert hat, findet den Roman fabelhaft, und mein Freund, ein belesener Handelsvertreter, ist der gleichen Ansicht. Was soll ich nun tun? Meine Schwiegermutter, die sich ja in der Branche etwas auskennt (Ihr erster Mann hat vorübergehend im Vertrieb des Suhrkampverlags gearbeitet), hat mir geraten, mich an Eva Demski zu wenden, die in Frankfurt viel Einfluß haben soll. Ich habe ihr auch gleich, vor vier oder fünf Wochen, einen sehr höflichen Brief geschrieben. Aber Eva Demski hat mir – stellen Sie sich das vor – überhaupt nicht geantwortet. Das enttäuscht mich. Ich schätze die Romane dieser Kollegin, sie mag ja sehr intelligent sein. Nur fürchte ich, sie ist eine ganz und gar herzlose Person. Könnten Sie nicht die Frau Demski zur Ordnung rufen?*

*Lieber Herr Reich-Ranicki,*
*Ihrem Buch »Mein Leben« habe ich entnommen, daß Sie im Laufe der Jahre viel gelitten haben. Da möchte ich Ihnen eine Freude bereiten. Ich schicke Ihnen das Manuskript meines neuen Buches, das lustig und heiter ist und garantiert witzig, übrigens auch spannend. Und wenn Sie es gelesen haben, dann lassen Sie mich doch wissen, welcher Verlag für dieses Buch der richtigste wäre.*

Auf keinen dieser Briefe habe ich reagiert, aber jetzt ist es Zeit, zu erklären, warum es mir ganz und gar unmöglich ist, den Wunsch der Briefschreiber zu erfüllen.
Ich bin seit über einem halben Jahrhundert Literaturkritiker und Literaturredakteur. Und obwohl ich mich mittlerweile doch wohl zur Ruhe setzen könnte, übe ich beide Berufe nach wie vor aus. Vor allem aber: Ich bin gerade jetzt mit einer enormen Arbeit beschäftigt, die viel mehr Zeit in Anspruch nimmt, als ich es mir je gedacht hätte: Ich gebe im Auftrag mehrerer Verlage eine im Frankfurter Insel Verlag publizierte Bibliothek des Kanons der deutschen Literatur heraus. Insgesamt wird es die größte Sammlung deutscher Literatur sein, die es je gegeben hat.
Was immer man mir im Laufe der Jahrzehnte vorgeworfen hat, Faulheit gehörte nie dazu. Ich arbeite sehr viel nur aus einem einzigen Grund: weil mir die Arbeit Spaß bereitet.
Daraus geht schon hervor, warum ich keinerlei Romane, Gedichte, Dramen, Essays oder Tagebücher beurteilen kann. Ich weiß sehr wohl, daß ich viele meiner Leser enttäusche.
Wenn ich jenen, die meine Hilfe brauchen, diese verweigere, so verbirgt sich dahinter letztlich ein Grund, den man mit einem Wort bezeichnen kann. Es ist Selbstverteidigung. Ich bitte meine Leser um Verständnis und Nachsicht.

*Gibt es einen größeren Unternehmer unter deutschen Schriftstellern, als Goethe es war?*

Wenn ich diese Frage richtig verstehe, geht es darum, daß Goethe sich bemüht hat, seine Werke günstig abzusetzen, und daß er viel getan hat, damit sie der Öffentlichkeit zugänglich und anerkannt werden. Ich habe den Eindruck, daß der Fragesteller dies Goethe ein wenig verübelt. Aber ich bin da anderer Ansicht. In Goethes Ballade »Der Sänger« heißt es:

> Ich singe, wie der Vogel singt,
> Der in den Zweigen wohnet;
> Das Lied, das aus der Kehle dringt,
> Ist Lohn, der reichlich lohnet.

Das ist wunderbar ausgedrückt, aber doch nicht ganz ernst gemeint. Auch der Sänger, der Poet will leben, also muß er für seine Arbeit einen angemessenen Lohn verlangen. Das hat Goethe immer getan.

In einem Brief an den Buchhändler und Verleger Cotta schrieb der bei uns nach dem Zweiten Weltkrieg unterschätzte große Stückeschreiber und geniale Essayist Schiller aus Marbach am Neckar, es sei »kein guter Handel mit Goethe zu treffen, weil er seinen Wert ganz kennt und sich selbst hoch taxiert«. Aber Schiller, keineswegs weltfremd, dachte nicht daran, dies Goethe zu verübeln.

Im Gegenteil: Er macht Cotta im März 1800 darauf aufmerksam, daß Goethe, der jetzt an seinem »Faust« arbeite, einen »ungeheuren Absatz erwarte« und »auf ein derbes Honorar« rechne. Doch Schiller befürchtete, daß Goethe den »Faust« liegenlassen könnte, »wenn er nicht von außen und durch anlockende Offerten veranlaßt wird, sich noch einmal an diese große Arbeit zu machen und sie zu vollenden«. Sie können ihn, schreibt Schiller weiter, »durch glänzende Anerbietungen dahin bringen, dieses Werk in diesem Sommer auszuarbeiten«. Cotta folgt dem Rat Schillers – und Goethe, von klingender Münze kräftig beflügelt, schließt den »Faust« (den ersten Teil natürlich) wenn auch nicht in diesem Sommer, aber doch bald ab. Es hat sich der Cotta um die deutsche Nation verdient gemacht.

Die Frage, ob es unter deutschen Schriftstellern einen »größeren Unternehmer als Goethe« gab, kann ich zumindest mit zwei Namen beantworten. Erstens: Wagner, Richard. Das von ihm errichtete Festspielhaus, von dem Millionen profitieren, beweist, daß er als »Unternehmer« Goethe haushoch überlegen war. Und der andere Name: Grass, Günter. Auch er ist in dieser Hinsicht Goethe entschieden überlegen. Denn in Lübeck gibt es ein Museum zu seinen Ehren. Dessen konnte sich Goethe nicht rühmen.

So haben wir denn allen Anlaß, dankbar zu sein: Dem Cotta für das Geld, das er dem Goethe gegeben hat, dem Wagner für das Haus in Bayreuth und dem Grass für das nützliche und schöne Haus in Lübeck. Daß ich es nicht vergesse: War nicht auch der Brecht ein doller »Unternehmer«?

*Welche Bedeutung hat der Titel für das literarische Werk?*

Um es gleich zu sagen: Noch nie hat ein guter Titel einem schlechten Buch oder einem kümmerlichen Stück zu einem wirklichen Erfolg verholfen. Gewiß kann ein schlechter Titel auch einem guten Buch oder Stück schaden. Er kann bewirken, daß der Weg zum Erfolg etwas länger wird, den Erfolg ganz verhindern kann er nicht.

Berühmte, originelle Titel stammen oft nicht von den Autoren der jeweiligen Werke, sondern von Verlegern oder Lektoren, von Theaterdirektoren oder Dramaturgen oder von Freunden und Kollegen. Schiller bevorzugte einfache Titel, meist wählte er die Namen der Figuren im Mittelpunkt, also »Don Karlos«, »Wallenstein«, »Maria Stuart«, »Wilhelm Tell«. Nur eines seiner Dramen hat einen effektvollen Titel »Kabale und Liebe«. Aber bei Schiller hieß diese Tragödie »Luise Millerin«, den Titel »Kabale und Liebe« hat der Schauspieler und Theaterdirektor Iffland erfunden.

Auch Brecht war an originellen Titeln nicht sonderlich gelegen. Sein berühmtester Titel: »Die Dreigroschenoper«. Aber den hat der Kollege Feuchtwanger vorgeschlagen. Der wahrscheinlich erfolgreichste deutsche Roman in der ersten Hälfte des zwanzigsten Jahrhunderts ist Remarques »Im Westen nichts Neues«. Eine ähnliche Formulierung findet sich gegen Ende des Buches, aber auf die Idee, daraus einen Titel zu machen, ist ein Lektor verfallen.

Der Romancier Leonhard Frank fragte seinen Kollegen René Schickele, was er von dem Titel für seinen Geschichtenband halte. Er soll heißen: »Der Mensch ist gut«. Schickele antwortete prompt: »Der Mensch ist schlecht«, der Titel ist gut. Bei diesem Titel blieb es auch. Manche Titel verdanken ihre Popularität dem Zeitgeist, also dem Umstand, daß sie etwas knapp ausdrücken, was Millionen empfinden. Seinen Roman über die Not der kleinen Leute während der Wirtschaftskrise um 1930 betitelte Hans Fallada: »Kleiner Mann – was nun?«.

Der Titel der Molière-Komödie »Le Malade Imaginaire« wurde übersetzt: »Der eingebildete Kranke«. Molières »Eingebildeter Kranker« war ein Kranker aus Einbildung. Und nicht ein eingebildeter Kranker. Auf diesen Übersetzungsfehler sollte hingewiesen werden. Man hat versucht, den Titel zu korrigieren – ohne Erfolg, der alte Titel ließ sich nicht mehr beseitigen.

Anders geschah es mit einem der bedeutendsten Romane der Weltliteratur, dem Raskolnikov-Roman (so der Name des Helden) von Dostojewskij. Die erste deutsche Übersetzung (aus dem Jahre 1882) wurde einfach »Raskolnikow« betitelt. 1909 entschied man sich für den Titel »Schuld und Sühne«. Er mag effektvoller sein, aber er ist falsch: Es wurde ins Metaphysische oder Moralphilosophische angehoben, was nur juristisch gemeint war. Jetzt lautet der deutsche Titel zutreffend »Verbrechen und Strafe«.

Zu den Kuriositäten in diesem Bereich gehört die Anpassung der Titel von Romanen an ihre erfolgreichen Verfilmungen. Ein Beispiel für viele: Heinrich Manns Roman »Professor Unrat« wurde nach dem Film mit Marlene Dietrich vorübergehend »Der blaue Engel« betitelt.

Doch der größte Triumph eines Titels stammt aus dem 18. Jahrhundert. Der längst vergessene Autor Friedrich Maximilian Klinger verfaßte ein Schauspiel, das 1777 in Leipzig uraufgeführt wurde. Das Stück wurde weder gespielt noch gelesen, aber seinen Titel kennt jeder, der sich wenigstens flüchtig mit der Geschichte der deutschen Literatur beschäftigt hat. Er lautet »Sturm und Drang«. So wurde, was nur der Titel eines wirren Dramas sein sollte, zur Bezeichnung einer ganzen Richtung und Epoche der deutschen Dichtung, ja, darüber hinaus zur Bezeichnung einer jugendlichen Geisteshaltung.

Die größten Romanciers des zwanzigsten Jahrhunderts liebten kurze und einfache Titel, die oft, was mir besonders gefällt, aus einem einzigen Wort bestehen: »Der Prozeß«, »Das Schloß«, »Der Verschollene«, »Buddenbrooks«, »Der Zauberberg«. Und damit unser Grass mal in gute Gesellschaft gerät, nennen wir noch die »Blechtrommel« und die »Hundejahre«.

Aber meist liefern uns unsere zeitgenössischen Autoren schlichte Bücher mit originellen Titeln. Umgekehrt wäre es besser.

*Wie finden Sie sich jedes Jahr in der Flut der Neuerscheinungen zurecht? Wie wählen Sie die Bücher aus, die Sie lesen?*

Diese Frage wird so häufig gestellt, daß man vermuten muß, nach Ansicht vieler Leser sei es das zentrale Problem der Literaturkritik. Ich muß gestehen, daß die Auswahl der Bücher, die ich besprechen wollte und will, mir niemals unüberwindbare Schwierigkeiten bereitet hat.

Stimmt das denn überhaupt mit der Flut der Neuerscheinungen? Nun ja, die Zahl der alljährlich in den deutschsprachigen Ländern produzierten Bücher ist gigantisch, aber beinahe alle diese Bücher haben mit meinem Beruf nichts zu tun, sie interessieren mich überhaupt nicht. Es sind wissenschaftliche Bücher von der Astronomie bis zur Zoologie. Es sind Lehrbücher für Schüler, Studenten und Lehrlinge (zumal für Hebammen und Feinmechaniker), es sind Sachbücher unzähliger Fachgebiete, ferner politische Bücher und Bücher für Kinder, Reisebücher, Kochbücher, Gartenbücher, Wörterbücher, Sportbücher – bitte, ersparen Sie mir die weitere Aufzählung.

Die Schöne Literatur, die Belletristik ist ja bloß ein Bruchteil der Gesamtproduktion und ein keineswegs sehr großer. Einen Teil macht die Trivialliteratur aus, mit der ich mich nicht beschäftige. Ich rühme mich dessen nicht, nur fehlt mir die

Zeit für diese Literatur. Auch die Literaturen der afrikanischen und asiatischen Völker gehörten nicht zu meinem Interessengebiet – von ganz wenigen Ausnahmen (wie etwa die Romane des Japaners Haruki Murakami) abgesehen. Da sagt man mir: Vielleicht entgeht Ihnen etwas Wichtiges? Und ich antworte: Das kann ja sein – na und? Es gibt übrigens drei oder vier europäische Länder, auf deren Literatur ich ebenfalls verzichte. Ich werde mich aber hüten, diese Länder hier zu nennen.

Was dann übrigbleibt, läßt sich in einem größeren Zimmer mühelos unterbringen. Nur habe ich das noch nie getan – wozu denn auch? Sinnvoller und leichter ist es, die Bücher auf Grund der Verlagsprospekte auszuwählen, den »Vorschauen« also, und auch auf Grund der Vorabdrucke in Zeitungen und Zeitschriften. Die meisten guten Verlage geben sich mit ihren Vorschautexten viel Mühe. Als beispielhaft kann hier der Suhrkamp-Verlag genannt werden. Ich erinnere mich, irgendwann vor zehn oder zwanzig Jahren, eine Suhrkamp-Vorschau gelesen zu haben, die so glänzend geschrieben und redigiert war, daß ich mich von ihr nicht losreißen konnte. Sie war kurzweiliger als die in jener Saison in diesem Verlag erschienenen Bücher.

Überdies erhält ja jeder Kritiker Leseexemplare. Muß man sie von Anfang bis zu Ende lesen? War es nicht Lessing, der gesagt hat, man müsse nicht einen Topf Suppe aufessen, um zu merken, daß sie versalzen sei? Ähnlich ist es mit Romanen: Oft ist schon die erste Seite so schlecht, daß man auf die weitere Lektüre verzichten kann.

Und wenn die erste Seite hervorragend ist, dann ist leider noch nicht bewiesen, daß das ganze Buch viel taugt, doch auf jeden Fall muß man es lesen. Hier will ich gleich einen Roman nennen, dessen erste Seite mich entzückt und der mich dann nicht enttäuscht hat: Süskinds »Parfum«.

Schließlich kann ich allen Rezensenten, die mit der Auswahl der Bücher nicht zu Rande kommen, empfehlen, die Literaturteile der größeren Zeitungen zu lesen. Es kann ja passieren, daß die Kritik eines Kollegen auf ein Buch aufmerksam macht, das der Rede wert ist.
Was ist also mit der »Flut der Neuerscheinungen« denn nun los? Es gibt keine Flut, es gibt nur einige Tropfen.

*War Golo Mann wirklich ein so großer Stilist, als den ihn jetzt, aus Anlaß der neu erscheinenden Biographie, alle rühmen?*

Jawohl, der Historiker Golo Mann war ein ausgezeichneter Schriftsteller, ein hervorragender Erzähler, ein vorzüglicher Stilist.
Sein nie nachlassendes Interesse für Geschichte, berichtete er in seiner Autobiographie, hätten die historischen Romane geweckt, die er in seiner Jugend las: »Und da sie alle, teils großartig, teils wenigstens geschickt geschrieben waren, so fand ich nichts natürlicher, als daß Historie so lesbar sein könne und müsse wie ein Roman.«
Für Golo Mann ist Geschichtsschreibung nichts anderes als Literatur. Die Legitimation holt er sich von den alten Römern. Mit der ihm eigenen Entschiedenheit und Einfachheit erklärt er: »Alle römischen Historiker machen Literatur, mit Ausnahme Cäsars ... Alle wollen sie großartig unterhalten, auch Tacitus.«
Doch Golo Manns wahres Vorbild ist ein deutscher Historiker: Schiller. Über ihn schreibt er: »Den Dingen einen Stil geben, Spannung, Drama bieten – anders konnte er es nicht. Immer war er homme de lettres, selbst als Philosoph. Er wußte, daß Erzählen selbst dessen, was sich wirklich bege-

ben, immer auch Deutung ist, weil es so, wie es wirklich gewesen, in seiner formlosen Unendlichkeit, sich ja doch nicht ergreifen läßt; daß wer etwas erzählen will, es schön erzählen muß.«

Schiller habe gar nicht anders schreiben können, als er geschrieben hat, und auch ihm, Golo Mann, habe sich die Frage nach dem Stil niemals gestellt. Daran ist nicht zu zweifeln. Nur gehörten zu den Büchern, die er in seiner Jugend las, auch jene des Vaters. Um es überspitzt auszudrücken: Wahrscheinlich hat kaum ein Schriftsteller seinen Stil in höherem Maße geprägt als Thomas Mann. Aber es war ein Einfluß, der sich in bewußter Abgrenzung bemerkbar machte. Golo Mann bemühte sich, gegen Thomas Mann anzuschreiben. Mit seinem wohltuend natürlichen Parlando erreichte er ein Maximum an Deutlichkeit und Anschaulichkeit. Sein Stil ist es, der ihn vor Gefahren bewahrt hat, denen sogar die Größten nicht immer entgehen können – seine Bücher, zumal seine Autobiographie »Erinnerungen und Gedanken«, kann man weder der Eitelkeit noch der Koketterie beschuldigen.

Hinter der erstaunlichen Synthese aus Weisheit und Leichtigkeit in Golo Manns Schriften verbirgt sich eine Einsicht, die er vor vielen Jahren in seinem Heine-Essay formuliert hat: »Die sind der Wahrheit näher, die heiter mit ihr umgehen, weil sie von ihrer Unerschöpflichkeit wissen.«

*Wie stehen Sie zur DDR-Literatur, welche Schriftsteller der DDR schätzen Sie am meisten?*

An die Existenz einer DDR-Literatur habe ich nie geglaubt. Aber ich brauche mir den Vorwurf nicht zu machen, die in der DDR entstandene Literatur je bagatellisiert oder gar ignoriert zu haben.

Als ich 1958 nach Deutschland zurückgekehrt war, meldete ich mich bei der Frankfurter Allgemeinen Zeitung. Ich wollte erkunden, ob man vielleicht an der Zusammenarbeit mit mir interessiert sei. Den Literaturteil der F.A.Z. leitete damals Friedrich Sieburg, zu jener Zeit Deutschlands berühmtester und – wie in diesem Gewerbe üblich – umstrittenster Literaturkritiker.

Mein Gespräch mit ihm war kurz. Sieburg kam gleich zur Sache: Worüber ich denn schreiben möchte? Mir sei aufgefallen, sagte ich, daß Bücher von Schriftstellern aus der DDR in der F.A.Z. nicht rezensiert würden. Sieburg war verblüfft. Hätte ich mir die Bemerkung erlaubt, daß in seinem Literaturteil die albanische Lyrik nicht beachtet werde – seine Verwunderung wäre gewiß kaum größer gewesen.

Er fragte mich höflich, an welchen Autor ich gedacht hätte. Es sei gerade, antwortete ich, ein neuer Roman von Arnold Zweig erschienen. Sieburgs Gesicht hellte sich auf: Das sei in der Tat ein »literarischer Gegenstand«. Es war klar, was er meinte: Obwohl in Ost-Berlin verlegt, sei etwas aus der Feder dieses Schriftstellers doch Literatur. Ich wurde gebeten, im Sekretariat den genauen Titel des Buches und den Verlag anzugeben. Als ich dort den Aufbau-Verlag nannte, fragte man mich nach dessen Adresse. Offenbar hatte man in der F.A.Z. 1958 vom besten und bedeutendsten Verlag der DDR noch nichts gehört.

Wie auch immer: Meine Kritik des Romans »Die Zeit ist reif« von Arnold Zweig war in der F.A.Z. im September 1958 zu lesen. Bald folgte die Rezension eines Erzählungsbandes von Anna Seghers, wenig später besprach ich einen jungen Autor aus der DDR, dessen Name im Westen noch ganz und gar unbekannt war: Franz Fühmann.

Im Frühjahr 1959 porträtierte ich in der »Welt« nicht weniger als vierzehn Schriftsteller aus der DDR – von Ludwig Renn bis Erwin Strittmatter. Aber wie sollte die Artikelserie heißen? Die Bezeichnung »DDR« war für die Redaktion der »Welt« nicht akzeptabel. Mir wiederum gefiel die Vokabel »Sowjetzone« gar nicht. Man einigte sich auf die Formulierung »Deutsche Schriftsteller, die jenseits der Elbe leben«.

Ähnliche Sorgen hatte der Norddeutsche Rundfunk, für den ich in den Jahren 1959 bis 1961 eine monatliche Zeitschriftenschau über Literatur und literarisches Leben in der DDR schrieb. Auch hier wollte die eine Seite von der »DDR« nichts wissen, die andere nichts von der »Sowjetzone«. Auch in diesem Fall entschloß man sich zu einem geographischen Titel, aber zu einem unsinnigen: »Literatur in Mitteldeutschland«.

Ein letztes Beispiel: 1960 gab ich im Paul List Verlag, München, eine Anthologie heraus, die Geschichten von zehn in der DDR lebenden Autoren enthielt. Abermals war man darauf bedacht, die ominösen politischen Begriffe zu umgehen. Titel und Untertitel, vom Verlag ersonnen, lauteten daher: »Auch dort erzählt Deutschland. Prosa von ›drüben‹. Im Vorwort zu dieser Anthologie von 1960 mußte ich darauf hinweisen, daß es zeitgenössische deutsche Schriftsteller gibt, »die man an der Wolga und an der Weichsel besser kennt als am Rhein und Main«. Im westlichen Teil Deutschlands ignoriere man diese Autoren oder nehme sie höchstens als Repräsentanten eines politischen Systems zur Kenntnis.

So schien es mir dringend nötig, die in der DDR verfaßten Bücher nicht nur als Zeitdokumente zu behandeln, sondern sie zugleich und keineswegs weniger ernst nach ihrem literarischen Wert zu befragen. Welche Autoren standen nun im Vordergrund meiner Auseinandersetzung mit der Literatur aus der DDR? Darüber in der nächsten Woche.

*

Noch gab es nicht die DDR und schon (1945) arbeitete in Ost-Berlin der Aufbau-Verlag. Er hatte rasch den Ruf einer hochbeachtlichen Institution, deren Bücher, solange es keine Mauer gab, auch im Westen gelesen wurden.

Mich interessierten aus der Sowjetzone und der späteren DDR erst einmal die Werke der Emigranten, die sich für den kommunistischen Teil Deutschlands entschieden hatten. Das waren vor allem Bertolt Brecht, Anna Seghers, Arnold Zweig und Johannes R. Becher. Zunächst erschienen die noch im Exil entstandenen und in Deutschland unbekannten Bücher dieser Autoren – so »Das siebte Kreuz« und »Transit« von Anna Seghers, »Erziehung vor Verdun« und »Das Beil von Wandsbek« von Arnold Zweig und allerlei Lyrik und Prosa von Becher.

Ich habe das alles mit größtem Interesse gelesen, am wenigsten gefielen mir die Exilprodukte von Becher. Doch diese Schriftsteller, in den fünfziger Jahren noch gar nicht alt, schrieben natürlich weiter. Aber die neuen Romane von der Seghers und von Zweig enttäuschten allesamt, Bechers pathetische Lyrik erst recht. Einen enormen Eindruck machte auf mich Brecht, nur liebte ich schon damals seine Lyrik mehr als seine Dramen.

Viel wurde in jenen Jahren von den in jeder Hinsicht besonders geförderten proletarischen Erzählern publiziert. Deren Bücher – wie etwa die von Willi Bredel – waren freilich nur

als Zeitdokumente von Interesse. Von der neuen Generation machte der Erzähler und Lyriker Franz Fühmann auf sich aufmerksam: Sein zentrales Thema war das Erlebnis des Nationalsozialismus und des Zweiten Weltkriegs, ferner die Hinwendung zur DDR und die schmerzhafte Desillusionierung. Bald wurde auch der Name Günter Kunert (Jahrgang 1929) bekannt, der in Versen die Fragen eines skeptischen Zeitgenossen formulierte, dessen Unruhe und Angst – übrigens auch in satirischen Prosastücken.
Derselben Generation, die glaubte, die Morgenröte einer neuen Zeit begrüßen zu können, gehört Christa Wolf an. Ihren Roman »Nachdenken über Christa T.« habe ich enthusiastisch beurteilt, ich schätze auch sehr ihre Erzählung »Kein Ort. Nirgends«. Von den intelligenten und pfiffigen Büchern Hermann Kants, der im Westen immer recht unbeliebt war, sagte mir am ehesten der in Warschau spielende Roman »Der Aufenthalt« zu. Ein redlicher und beachtlicher Erzähler ist Günter de Bruyn.
Hans Joachim Schädlich habe ich von Anfang an geschätzt. Das gilt auch für Ulrich Plenzdorf, der sich allerdings jahrelang von der Literatur abgewandt hat. Ein temperamentvoller Erzähler war der früh verstorbene Jurek Becker, der mit dem Roman »Jakob der Lügner« einen (verdienten) internationalen Erfolg erzielte. Als gesellschaftskritischer, phantasievoller Dramatiker und Erzähler fiel rasch Christoph Hein auf.
Und die Poesie? In der Regel ist in totalitären Staaten die Lyrik interessanter als die Epik. Sie wird meist von der Zensur etwas toleranter behandelt – vielleicht deshalb, weil manche Zensoren meinen, die Lyrik könne nicht so schädlich sein, da sie nur für eine Minderheit verständlich ist.
In den fünfziger und sechziger Jahren war einer der wichtig-

sten Autoren der DDR der Lyriker Peter Huchel. Auch die Gedichte von Johannes Bobrowski fanden ein bemerkenswertes Echo. Allerdings will es mir scheinen, daß die Wirkung der Verse von Huchel und erst recht jener von Bobrowski mit der Zeit etwas nachgelassen hat.
Immer hat mich Volker Brauns Poesie interessiert und die ganz andere, die aus dem Rahmen fallende von Wolf Biermann, dessen ersten Gedichtband ich, wenn ich mich nicht ganz irre, als erster begeistert rezensiert habe. Doch das stärkste aus der DDR kommende poetische Talent war und ist, glaube ich, Sarah Kirsch.
Natürlich ist das eine flüchtige, eine lückenhafte, eine mit Sicherheit ergänzungsbedürftige Aufzählung. Immerhin läßt sie erkennen, daß die von den SED-Kulturpolitikern gewünschte, der Partei dienende Literatur nie entstanden ist, daß aber aus dem literarischen Leben im östlichen Teil Deutschlands viele einzelne Talente hervorgegangen sind.

*Haben Sie selbst einmal Gedichte geschrieben?*
*Fontane nannte Theodor Storm einen der drei größten Lyriker nach Goethe. Teilen Sie diese Einschätzung?*

Nein, ich habe nie versucht, ein Gedicht zu schreiben. Das Bedürfnis, sich in Versen auszudrücken, das ja, zumal in Deutschland, weit verbreitet ist, kannte ich nie – ob das nun für oder gegen mich spricht. In meiner Jugend haben mich zunächst Romane und Novellen beeindruckt und, schon sehr früh, Dramen, vor allem von Shakespeare und Schiller. Aber bald kam die Lyrik hinzu, und zwar, wenn ich mich recht entsinne, dank der Schule. Ich bin in den dreißiger Jahren in Berlin zur Schule gegangen und hatte ausgezeichnete

Deutschlehrer. Das Unterrichtsprogramm war damals unverkennbar norddeutsch geprägt.
So wurde uns nur wenig Hölderlin und Jean Paul geboten und viel Kleist und Fontane, wenig Mörike und Stifter und viel Hebbel und eben Storm. Zuerst lasen wir in der Schule Storms Novelle »Hans und Heinz Kirch« und einige seiner Gedichte. Seitdem bewundere ich seine Novellistik und liebe seine Lyrik. Fontane hat sich mehrfach über ihn geäußert, übrigens nicht immer enthusiastisch, bisweilen einschränkend. Ein großer Dichter – meinte er gelegentlich – war Storm wohl nicht, doch »ein liebenswürdiger durch und durch, und, wenn der Ausdruck gestattet ist, ein recht poetischer Poet«. Das mag etwas schlampig formuliert sein, aber es trifft ins Schwarze.
Storm schrieb keine Epen, keine mächtigen Oden, keine gewaltigen Hymnen. Seine Verse sind still und scheu, herb und herzlich. In ihnen gibt es keine ärgerlichen Klänge, keine falschen Töne. Diese Lyrik ist (man sehe mir die oft mißbrauchten Worte nach) innig und innerlich, wehmütig, doch nicht wehleidig – wie die zartesten, die schönsten deutschen Volkslieder.
Daseinsbejahung war Storms Sache nicht, das Glück und die Freude, den Erfolg und den Sieg hat er fast nie besungen. In seiner kleinen Welt scheinen Sonne, Mond und Sterne, gewiß, nur bleibt ihr Licht gedämpft. Denn das Naturphänomen, das es ihm vor allem angetan hat, ist der Nebel, der undurchsichtige und unerbittliche, der reale und symbolische. Seine nordischen Elegien schämen sich des Provinziellen nicht, ihr Thema ist das bittere Los des Menschen, also die große Vergeblichkeit.
Mit Sicherheit gehört Storm zu den größten deutschen Lyrikern der Epoche nach Goethe, nach den Romantikern mit

Heine, Eichendorff und Mörike an der Spitze. Seine Poesie bildet den Übergang zur modernen deutschen Lyrik, zu Rilke und dem jungen Hofmannsthal, zu Brecht und Benn.
Wozu brauchen wir Gedichte? Wir brauchen sie, damit sie uns unsere Empfindungen und Leiden, unsere Hoffnungen und Ängste bewußt- und erkennbar machen. Wir brauchen Gedichte, in denen wir uns wiederfinden können, Gedichte, die sich, um ein großes Wort zu riskieren, als Spiegel unserer Seele verwenden lassen.

*Was halten Sie von James Joyces »Ulysses«? Haben Sie ihn gelesen? Und mochten Sie ihn? Oder fanden Sie das Buch so unverständlich wie ich?*

Das ist eine berechtigte und wichtige Frage. Zunächst einige Fakten: An dem Roman »Ulysses« arbeitete Joyce von 1914 bis 1921. Das Buch erschien in englischer Sprache 1921 und in deutscher Übersetzung 1927. Diese Übersetzung wurde jedoch sehr rasch als unzulänglich und sogar fehlerhaft beanstandet und erst 1975 von einer neuen Übersetzung (von Hans Wollschläger) abgelöst. Sie gilt als erheblich besser.
Die Handlung des »Ulysses« spielt in Dublin an einem einzigen Tag des Jahres 1904. Gezeigt wird der Alltag zahlreicher Kleinbürger, zumal des Anzeigenagenten Leopold Bloom, der übrigens (anders als der Autor Joyce) Jude ist. Die Folie des Romans bildet Homers Epos »Odyssee«: Die einzelnen Episoden und Motive des Romans entsprechen den Ereignissen und Figuren eben in der »Odyssee«. Homers Werk liefert also ein Bezugssystem, das vom Autor des Romans verwendet wird, um die dargestellte moderne Welt zu kommentieren, zu relativieren und zu parodieren.

Die bahnbrechende Bedeutung des »Ulysses« läuft auf verschiedene romantechnische Neuerungen hinaus. Sie dienen allesamt der sprachlichen Erfassung der Welt, zumal des Bewußtseins des Individuums, seiner Gedanken, Regungen, Wünsche und Träume. Dabei profitiert Joyce von den Erkenntnissen Freuds. Eine besonders große Rolle kommt der Technik des inneren Monologs zu, die Joyce nicht erfunden, aber entwickelt und auf außerordentliche Weise verfeinert hat.
Der Roman hat rasch viel Aufsehen erregt und wurde von bedeutenden Repräsentanten der literarischen Welt als Jahrhundertereignis gefeiert. Doch war er viel zu kompliziert, um das Interesse des breiten Publikums zu wecken. Die zahllosen literaturkritischen und vor allem wissenschaftlichen Arbeiten vermochten diesen Sachverhalt kaum zu ändern. Woran liegt das? Darüber werde ich in der nächsten Woche schreiben.

*

Über den 1921 erschienenen Roman »Ulysses«, das weltberühmte Hauptwerk des Iren James Joyce, habe ich schon vor einer Woche einiges gesagt. Heute, wie angekündigt, ein wenig zu den frühen deutschen Reaktionen auf den »Ulysses«. Hier ist vor allem ein glanzvoller Aufsatz von Kurt Tucholsky aus dem Jahre 1927 zu nennen.
Wie alle großen Kritiker hat auch Tucholsky Übertreibungen und Überspitzungen nicht gescheut – vorausgesetzt freilich, daß sie den Lesern das, was er zu sagen hatte, verständlicher machten. In seiner (immer noch unterschätzten) »Ulysses«-Kritik ging er bis zum Äußersten: »Wahrscheinlich ist das mehr als Literatur – auf alle Fälle ist es die allerbeste … Was gemacht werden konnte, hat Joyce gemacht. Denn so sieht es in einem menschlichen Gehirn aus.«

Das »Allerbeste«? So ganz wohl ist Tucholsky bei diesem Urteil nun doch nicht. Es sei – schreibt er einschränkend – »irgend etwas Künstliches an der Sache, etwas Konstruiertes«. Schließlich läßt er die Katze aus dem Sack. Er ist kühn genug, zu sagen, der König sei nackt, nämlich: »Ganze Partien des ›Ulysses‹ sind schlicht langweilig.« Das Fazit dieser meisterhaften Kritik ist schlechterdings unübertrefflich: »Liebigs Fleischextrakt. Man kann es nicht essen. Aber es werden noch viele Suppen damit zubereitet werden.«

Das gilt bis heute. Der Roman hat einen enormen Einfluß auf die Literatur ausgeübt – wie nur wenige Werke der Weltliteratur des zwanzigsten Jahrhunderts. Viele Schriftsteller, deutsche und ausländische, haben ihn kopiert und imitiert, auch wenn sie ihn (jedenfalls in ihrer überwiegenden Mehrheit) mit Sicherheit nicht ganz gelesen haben. Auch ich habe ihn nur teilweise gelesen. Ob ich ihn mag? Nein, ich liebe diesen Roman nicht, doch bewundere ich ihn.

Aber muß man ihn wirklich kennen? Ja und nein. Die Kritiker und die Literaturhistoriker, jene vor allem, die sich mit dem zwanzigsten Jahrhundert befassen, dürfen sich nicht einen großen Bogen um dieses Buch leisten. Darüber kann man überhaupt nicht diskutieren. Doch was sollen die Leser tun, die ernsthaft an Literatur interessiert sind, indes keine Romane lesen möchten, bei denen sie Qualen leiden? Was soll man den Lesern raten, die zwar, wie die Briefschreiberin, den »Ulysses« für »unverständlich« halten, doch dies, wie der Brief beweist, nicht so einfach hinnehmen möchten?

Für alle diese Leser gibt es jetzt eine gute Nachricht, die vielleicht das Problem lösen kann. Sie hängt mit einem bevorstehenden, mit einem ganz außergewöhnlichen Jubiläum zusammen: Am 16. Juni 2004 sind genau hundert Jahre seit dem Tag vergangen, an dem der Anzeigenagent Leopold

Bloom, der unheroische Held des »Ulysses«, in Dublin herumirrt. Die Freunde von Joyce sprechen vom »Bloomsday«. Aus diesem Anlaß bringt nun der Suhrkamp Verlag die erste kommentierte Ausgabe jenes Romans, der in aller Munde ist und den kaum jemand gelesen hat. In diesem Kommentar soll alles verzeichnet und erklärt werden, was sich nachprüfen und erklären läßt – und das ist eine ganze Menge. Es sind in erster Linie Orte, Institutionen und Personen und, das ist besonders nützlich, zahllose literarische Quellen, Bezüge und Andeutungen, natürlich mit der »Odyssee« im Mittelpunkt.
Ob die Lektüre des »Ulysses« nun amüsanter wird, kann ich nicht voraussagen. Aber verständlicher wird das Buch auf jeden Fall. Allerdings: Den Lesern, die sich auf dieses Abenteuer einlassen, wird viel Zeit und auch Geduld abverlangt. Denn die kommentierte Ausgabe umfaßt nicht weniger als rund 1100 Seiten im Großformat.

*Welchen literarischen Stellenwert haben die Romane Lion Feuchtwangers? In Ihrem Buch »Sieben Wegbereiter« kommt er nicht vor, und auch in »Mein Leben« behandeln Sie ihn nur am Rande.*

Lion Feuchtwanger, der in der Weimarer Republik zu den bekanntesten deutschen Autoren gehörte und dessen Romane in viele Sprachen übersetzt wurden, ist mittlerweile beinahe in Vergessenheit geraten. Ob das vielleicht mit seiner Biographie zu tun hat? Er wurde 1884 in München geboren und emigrierte 1933 nach Frankreich, ab 1940 lebte er in den Vereinigten Staaten, er starb 1958 in Los Angeles.
Er war nie Kommunist, wohl aber ein Pazifist, der sich zeit-

weise auch als Sozialist verstand. Nach dem Zweiten Weltkrieg hat er sich eindeutig und nachdrücklich für die DDR entschieden, wo seine Bücher in hohen Auflagen erschienen und wo er immer wieder gerühmt und mit dem Nationalpreis Erster Klasse ausgezeichnet wurde. In der Bundesrepublik hat man ihm dies verübelt, er wurde lange ignoriert.

Schon in den zwanziger Jahren war Feuchtwanger ein typischer Publikumsschriftsteller. Oft sind es dieselben Eigentümlichkeiten seiner Prosa, die ihm die Dankbarkeit unzähliger Leser sicherten und ihn bei vielen seiner Kritiker und Kollegen in Mißkredit brachten. In seinen historischen Romanen (»Goya« war wohl der erfolgreichste) liebte er klare Linien und grelle Farben, starke Töne und mächtige Akkorde. Er hatte eine Schwäche für Pomp, Reichtum und Luxus, für theatralische Situationen und effektvolle Begegnungen.

Was immer Feuchtwanger seinen Lesern zeigen wollte, er arbeitete stets mit Unterstreichungen, mit Hervorhebungen um jeden Preis. Ein Fanatiker der Deutlichkeit war er, der oft schon überdeutlich wurde. Seine Schreibweise hat etwas Penetrantes: Er ist zuweilen eindringlich und zugleich aufdringlich. So sind die Leser seiner Prosa auf Mutmaßungen niemals angewiesen. In seinen Büchern wird alles genauestens ausgeführt, nichts angedeutet. Er macht es dem Publikum sehr leicht, wohl allzu leicht.

Seine Figuren sind auf Anhieb erkennbar, nur eben allzu rasch erkennbar. Denn sie haben etwas Schematisches an sich. Bei Feuchtwanger sind die Reichen immer unerhört reich und die Elenden sehr elend, die Schlauen überaus gerissen und die Häßlichen ungewöhnlich abstoßend. Je dramatischer die Vorgänge, je farbiger die Szenerie und je subtiler die psychologischen Nuancen, desto auffallender das Mißverhältnis zwischen Aufwand und Resultat, desto irritie-

render der Verdacht, daß die mit Bravour erzählten Romane doch immer vordergründig bleiben.
Feuchtwanger hatte auch nie die geringsten Hemmungen, die zentralen Gedanken seiner Romane direkt auszusprechen oder den auftretenden Personen in den Mund zu legen. Soviel in diesen Büchern auch diskutiert und meditiert wird, sie lassen sich vor allem als Ausstattungsstücke genießen. Die in ihnen gebotene Mixtur aus großer Oper und Kriminalgeschichte ist mit sehr vereinfachter und leicht faßbarer Psychologie gewürzt. Er zeigt meist Menschen, die benachteiligt sind oder es sich einbilden, die auf der Schattenseite des Lebens starten, doch allen Schwierigkeiten zum Trotz den ersehnten Gipfel erreichen. Zur Verwirklichung des großen Traums der kleinen Leute gehört meist auch Sexuelles: Der Plebejer Goya darf mit der Herzogin von Alba schlafen und Raquel, die schöne Jüdin von Toledo (in der »Spanischen Ballade«), mit dem König von Kastilien. Ungeachtet vorzüglicher Szenen wirken manche seiner Romane schon etwas verstaubt. Nur ein einziges Werk von Feuchtwanger war, glaube ich, für die Geschichte der deutschen Literatur im 20. Jahrhundert von Bedeutung – und es ist eben nicht ein historischer, sondern ein zeitkritischer Roman: »Erfolg« (1930). Hier hat Feuchtwanger die überkommene Romanform so zu erneuern vermocht, daß sie imstande war, den Alltag der modernen Großstadt, ihren Rhythmus und ihre Atmosphäre mit den Mitteln der Epik bewußt und spürbar zu machen.

*Nach Ricarda Huch wurden viele Schulen benannt. Über sie wurden nicht wenige Bücher geschrieben. Aber heute liest niemand mehr diese Autorin. Warum ist das so? Schätzen Sie Ricarda Huch?*

Jawohl, ich schätze Ricarda Huch, ich glaube, daß wir allen Anlaß haben, mit Hochachtung von ihr zu sprechen, ich bewundere und liebe einige ihrer Gedichte. Es ist auch richtig, daß in der Bundesrepublik Schulen und auch Straßen nach ihr benannt wurden. Aber ich sehe keinen Grund zu verheimlichen, daß diese nicht alltägliche Autorin mittlerweile kaum noch gelesen wird, daß sie tatsächlich fast vergessen ist. Und das ist nicht verwunderlich und auch kein Zufall.

Ricarda Huch wurde 1864 in Braunschweig geboren. Sie konnte es im wilhelminischen Deutschland nicht aushalten, sie emigrierte in die Schweiz. War sie also eine politische Emigrantin? Gewiß, doch ist dies nur die Hälfte der Wahrheit. Die andere ist von persönlicher, intimer Art. Sie war noch ein halbwüchsiges Mädchen, da verliebte sie sich in ihren erheblich älteren Vetter. Es war eine unglückliche Geschichte, denn Ricardas Traum, mit diesem Mann zusammenzuleben, ging nicht in Erfüllung. Sie verließ Braunschweig und Deutschland und suchte, wie manch eine Intellektuelle, deren Liebe gescheitert war, Trost bei der Wissenschaft, bei der Literatur.

Sie ging dorthin, wo es nicht mehr ungewöhnlich war, daß eine Frau studierte – nach Zürich. Nach ihrer Promotion lebte sie noch einige Jahre in Zürich und später wieder in Deutschland. Ihre zahlreichen Bücher fanden viel Anerkennung, Thomas Mann nannte sie aus Anlaß ihres sechzigsten Geburtstages »die erste Frau Deutschlands«.

1926 wurde sie in die neugegründete Sektion für Dichtkunst

der Preußischen Akademie der Künste gewählt. Als aber im Frühjahr 1933 die Juden aus dieser Sektion für Dichtkunst entfernt wurden – es waren darunter Alfred Döblin, Franz Werfel und Jakob Wassermann –, als Thomas und Heinrich Mann aus politischen Gründen unwillkommen waren, da hoffte man, sich weiterhin mit dem Namen Ricarda Huch schmücken zu können.

Damals, als andere Mitglieder der Akademie es vorzogen, sich diplomatisch zu verhalten, entschloß sich Ricarda Huch, ostentativ aus der Akademie auszutreten. Während des »Dritten Reiches« wurde sie wiederholt schikaniert und beschimpft. In ihren Schriften aus diesen Jahren wird man auch nur die geringsten Zugeständnisse an den Zeitgeist vergeblich suchen, manches mußte sie in der Schweiz veröffentlichen. Sie starb 1947 in Schönberg bei Frankfurt.

Das Werk Ricarda Huchs ist enorm: Die zwischen 1966 und 1974 erschienene Ausgabe umfaßt in elf Bänden 22 000 eng bedruckte Seiten. Oft ist es schwer zu entscheiden, welcher Gattung gerade ihre besten Bücher angehören. Wer hat sie geschrieben – eine Dichterin oder eine Wissenschaftlerin, eine phantasievolle Erzählerin oder eine exakte Chronistin? Sie ist stets beides zugleich und auf einmal. Ihre Essays sind auch Geschichten und ihre Geschichtswerke auch Epen.

Ihr Buch über die Romantik, um 1900 publiziert, ist ein fundamentales kulturgeschichtliches Dokument und ein literarisches Kunstwerk von großer Schönheit. Es gab den wichtigsten Anstoß zur Wiedergeburt der Romantik. Von hoher Bedeutung ist auch ihr kurz vor dem Ersten Weltkrieg entstandenes, dreibändiges Werk über den Dreißigjährigen Krieg, in dem sie stets Partei für die Benachteiligten, für die Erniedrigten und Beleidigten nimmt. Man hat Ricarda Huch als konservativ bezeichnet. Wenn das zutrifft, dann war sie konservativ und radikal zugleich. Man hat sie als Neuromantikerin abstempeln wollen. Aber kein Vertreter der Neuromantik hatte soviel Sinn für die Realität der Gegenwart wie diese Frau.

Ihre historischen und literaturgeschichtlichen Bücher sind immer noch lesenswert, aber – machen wir uns nichts vor – von der Forschung überholt. Auch ihre Romane, die vor achtzig, vor hundert Jahren geschrieben wurden und die übrigens nie zu ihren Hauptwerken gehörten, sind längst verblaßt und verblichen. So ist das: Während Dramen vom Theater am Leben gehalten werden und Gedichte in Anthologien überdauern können, ist die Lebensdauer von Romanen sehr begrenzt: Nur die von Genies bleiben mehr als ein Jahrhundert im Bewußtsein der Leserschaft – im deutschen Sprachbereich gilt das für die Romane Goethes und Fontanes, vielleicht noch für die E. T. A. Hoffmanns und Gottfried Kellers.

Besteht also das ganze Werk der Ricarda Huch heute nur noch aus Dokumenten im Archiv der Literaturgeschichte? Das wäre übertrieben und ungerecht. Denn da gibt es noch ihre sehr umfangreiche Lyrik, in der sich eine Anzahl wunderbarer Gedichte finden läßt. Sie gehören zum Kanon der deutschen Poesie.

*Wer ist der größte lebende amerikanische Autor? Wer hat den Nobelpreis am ehesten verdient?*

Superlativfragen sind immer mehr oder weniger heikel, häufig provozieren sie energischen Widerspruch. Diesmal jedoch fällt es mir nicht schwer, die Frage zu beantworten. Also: Ich schätze und bewundere seit Jahrzehnten John Updike und Philip Roth – und ich bin überzeugt, daß beide den Nobelpreis verdient haben.

In den siebziger und achtziger Jahren bin ich von der Königlichen Akademie in Stockholm offiziell gefragt worden, wem meiner Ansicht nach der Nobelpreis für Literatur gebühre. 1972 schlug ich Heinrich Böll vor, ihn, den Prediger mit clownesken Zügen und Narren mit priesterlicher Würde, der jetzt allmählich und unzweifelhaft in Vergessenheit gerät, was seine Gründe hat. Nur wird meist das Kind mit dem Bade ausgeschüttet. Doch überschätze ich meinen Einfluß nicht: Wenn ich Böll nicht vorgeschlagen hätte, dann wäre ihm, vermute ich, dieser Preis genauso zugefallen.

Später habe ich noch mehrfach die gleiche Anfrage aus Stockholm erhalten. Meine Kandidaten waren: Graham Greene, Max Frisch und Friedrich Dürrenmatt und eben John Updike. Keiner von ihnen wurde mit dem gelegentlich zwar verspotteten, doch in Wirklichkeit höchst begehrten Preis ausgezeichnet. Ich habe dann die Lust an diesem Spiel verloren.

Philip Roth wurde damals von mir noch nicht genannt, weil mich von seinem umfangreichen Werk vor allem die späteren Romane beeindruckten. Sollte man von mir heute verlangen, daß ich einem der beiden den Vorzug gebe, ich wäre in großer Verlegenheit. Allerdings fürchte ich, daß diese Entscheidung gegenstandslos ist, weil beide im kommenden Herbst wieder leer ausgehen werden.

Aber vielleicht sollte ich kurz erklären, warum ich gerade diese beiden Amerikaner immer wieder lobe und rühme. Dafür gibt es verschiedene Gründe, das hat unter anderem mit den in ihren Romanen und Erzählungen zum Vorschein kommenden wichtigen Elementen zu tun – mit der feinfühligen, scharfsinnigen und originellen Charakterisierung der

Figuren, mit der fabelhaften Milieuschilderung, natürlich auch mit der Sprache und dem Humor.

Doch hier und heute möchte ich einen Umstand besonders hervorheben, der ebenso auf die Prosa Updikes zutrifft wie auf jene von Philip Roth. Beide schreiben niemals mit dem Rücken zum Publikum, beiden gelingt es immer wieder, die Leser zu interessieren und oft zu begeistern, ohne etwa die Feinschmecker, die Literaten, die Kritiker zu verscheuchen.

Der längst vergessene, aber im neunzehnten Jahrhundert zu Recht sehr geschätzte Kritiker und Literaturhistoriker Robert Prutz meinte in einem 1847 veröffentlichten Essay mit dem Titel »Über die Unterhaltungsliteratur, insbesondere der Deutschen«: »So ist das traurigste Schicksal über die deutsche Literatur gekommen: geschrieben zu werden von Literaten für Literaten. Die Massen haben wir preisgegeben, was wunder, daß sie ihre Unterhaltungen anderswo suchen, als bei uns?«

Um nicht mißverstanden zu werden, möchte ich es mit Nachdruck sagen: Ich bin keineswegs gegen die Literatur, die von Literaten für Literaten geschrieben wird, wir brauchen sie dringend, sie ist oft für die Entwicklung der Literatur von höchster Bedeutung. Ein Beispiel für viele: der Roman »Ulysses« von James Joyce, dessen Lektüre, wie wir neulich aus unseren Zeitungen wieder einmal erfahren konnten, auch vielen Schriftstellern größte Schwierigkeiten bereitet, der aber in der Geschichte der Literatur im zwanzigsten Jahrhundert eine bahnbrechende Rolle spielt. Und muß man noch darauf hinweisen, daß doch das Publikum heute ungleich größere Möglichkeiten hat als in der Zeit, in der Robert Prutz wirkte, die benötigte Unterhaltung anderswo zu suchen als in der Literatur und nahezu täglich, zumal nach der »Tagesschau« auch zu finden?

Philip Roth und John Updike bringen es tatsächlich und immer wieder fertig, Bücher zu verfassen, die die intelligenten Leser als Unterhaltung goutieren und zugleich die Kenner als Literatur für Literaten akzeptieren. Da ich Optimist bin, glaube ich im stillen, allen Befürchtungen zum Trotz, daß die Stockholmer Jury sich in diesem Herbst endlich für einen der beiden großen Amerikaner entscheiden wird.

*Wie stehen Sie zu den Werken Heimito von Doderers? Halten Sie eine Doderer-Renaissance für möglich? Schließlich galt er viele Jahre, wenn nicht Jahrzehnte, als einer der wichtigsten Schriftsteller deutscher Sprache.*

Zu der Frage, ob es eine Doderer-Renaissance geben werde, kann ich mich nicht äußern. Denn ich bin weder Zukunftsforscher noch Prophet, sondern Kritiker. Und Kritiker beschäftigen sich mit der Literatur und dem literarischen Leben der Gegenwart und der Vergangenheit, nicht aber der Zukunft. Doch beunruhigt mich der in dieser Frage unüberhörbare Klageton: Da werde einem großen österreichischen Autor Unrecht angetan, er gerate in Vergessenheit. Stimmt das denn? Nein, es stimmt überhaupt nicht.

Doderer starb 1966 kurz nach seinem siebzigsten Geburtstag. Oft geschieht es, daß ein Schriftsteller, der zu Lebzeiten stark beachtet und oft gefeiert wurde, in den ersten Jahrzehnten nach seinem Tod keine große Rolle mehr spielt. Niemand will ihn aus dem literarischen Bewußtsein verdrängen, aber sein Ruhm verflüchtigt sich: Immer seltener wird sein Name in Diskussionen erwähnt, seine Stücke werden kaum noch aufgeführt, Neuauflagen seiner Romane lassen lange auf sich warten. Man erinnert sich an diesen Autor, wenn seine Briefe oder Tagebücher erscheinen oder aus Anlaß von Jubiläen oder wenn etwas von ihm verfilmt wird, eine Novelle oder ein Roman.

Mit anderen Worten: Jeder Schriftsteller hat seine Zeit und wird früher oder später – wenn es gutgeht! – vor allem zum Gegenstand der Forschung. Das bedeutet, daß zu seinen Büchern immer seltener diejenigen greifen, die in Romanen und Erzählungen nichts anderes als Unterhaltung suchen, und immer häufiger diejenigen, die sich mit der Literatur aus beruflichen Gründen befassen. Das ist die Regel, die nur von Genies durchbrochen wird. Darüber zu jammern hat keinen Zweck, denn da läßt sich nichts ändern. Und es scheint mir geradezu töricht, der jungen Lesergeneration zu verübeln, daß sie oft an den Büchern ihrer Zeitgenossen mehr interessiert ist als an jenen der Autoren von gestern und vorgestern.

Wie ist es nun mit Doderer, dessen Hauptwerke, die (in jeder Hinsicht) großen Romane »Die Strudlhofstiege« und »Die Dämonen« vor einem halben Jahrhundert veröffentlicht wurden? Hat man ihn herzlos und schnöde ins Museale entlassen? Muß man seine Werke in den Buchhandlungen mühselig suchen und kann sie schließlich, verstaubt und vergessen, nur noch in Antiquariaten finden? Dieser Eindruck ergibt sich aus dem Brief unserer Fragestellerin. Doch die Wahrheit sieht etwas anders aus.

Zur Zeit werden von Doderer im deutschen Buchhandel (von den Antiquariaten ganz abgesehen) in verschiedenen Ausgaben, also auch als Taschenbücher, nicht weniger als 28 Titel angeboten. Das heißt: Alles aus seiner Feder ist greifbar. Wer über Doderer informiert sein möchte, wird weder im Stich gelassen noch enttäuscht: Es gibt 15 Titel über ihn, darunter – um hier nur die wichtigsten Erscheinungen der letzten Jahre zu nennen – die weit über 500 Seiten umfassende

Biographie von Wolfgang Fleischer (»Das verleugnete Leben«) und den im Jahre 2001 innerhalb der Reihe »Text und Kritik« publizierten Doderer-Band.
Vom Insel Verlag wird jetzt die Kanon-Bibliothek der deutschen Literatur herausgegeben. Wurde Doderer etwa vergessen oder nur ungebührlich berücksichtigt? Im ersten Teil dieser Bibliothek finden sich die zwanzig bedeutendsten Romane der deutschen Literatur, darunter die »Strudlhofstiege«. Im Teil »Die Erzählungen« gibt es Doderers Geschichte »Acht Wutanfälle«. Und im Kanon-Teil, der der Lyrik gewidmet ist und jetzt vorbereitet wird? Doderer war kein Lyriker, gleichwohl hat man ihn auch in diesem Teil keineswegs übersehen: Hier findet sich das kurze, schöne Gedicht, das Doderer der »Strudlhofstiege« vorangestellt hat. Auch im letzten Teil des Kanons (mit Essayistischem) wird natürlich Platz für Doderer sein. Wahr ist allerdings, daß Doderer, anders als zu seinen Lebzeiten, lange nicht mehr im Mittelpunkt der literarischen Diskussion steht. Nur gilt das ebenfalls für viele andere Schriftsteller, die in den letzten Jahrzehnten gestorben sind – so für Heinrich Böll, Max Frisch, Friedrich Dürrenmatt, Wolfgang Koeppen, Peter Weiss, Thomas Bernhard.
Muß ich noch sagen, wie ich zu Doderers Werk stehe? Nur ganz kurz: Ich bewundere vor allem seine Psychologie und Fabulierkunst, seinen teils versöhnlichen, teils aggressiven Humor. Ich bin Doderer dankbar, weil er bewiesen hat, daß in seiner Zeit spannend und anschaulich erzählte Romane immer noch möglich waren.

*Was halten Sie von meinem Großonkel Erich Maria Remarque und seinem Buch »Im Westen nichts Neues«?*

Die Kritiker haben ihn meist ignoriert. Sie wußten nicht, wie sie seine Bücher einordnen sollten. Seiner Prosa läßt sich künstlerische Originalität nicht nachrühmen. Aber bare Trivialliteratur ist es nun auch nicht. Die Kollegen haben ihn immer wieder verspottet. Sie konnten ihm alles verzeihen, nur nicht das, was ihnen schlechterdings unbegreiflich war: seinen Welterfolg.

Deutsche Nationalisten bekämpften ihn, deutsche Kommunisten distanzierten sich von ihm. Denn sie fürchteten den eminent politischen, den defätistischen Einfluß seiner frühen Bücher. Aber er selber gehörte nie zu den Kämpfern, politischer Ehrgeiz war ihm fremd, er hat nie eine Partei unterstützt, nie Manifeste unterzeichnet. So hatten alle ihre Sorgen mit ihm. Tatsächlich hat er, Erich Maria Remarque, geboren 1898 in Osnabrück, es allen schwergemacht. Nur nicht seinen Lesern.

Er kam vom Journalismus – und der Journalismus der Berliner Massenblätter der Weimarer Republik hat seinen Stil geprägt. Er sei, sagte er 1966 in einem Interview, ein »Direktschreiber«. Das war er von Anfang an. Mit dem Buch »Im Westen nichts Neues« (1929) lieferte er dem Publikum, worauf es damals – und nicht nur in Deutschland – gewartet hatte: Jene Geschichte aus dem Alltag des Krieges, in der jeder seine eigenen Erfahrungen, seine Gefühle und Leiden wiedererkennen konnte. Es ist ein in seiner Art vollendetes Buch: klar und einfach, dramatisch und anschaulich, rührend und erschütternd. Es ist ehrlich und trotzdem fragwürdig.

Remarque erzählte, was war und wie es wirklich war. Nur

machte er die dargestellte Realität mit billigen Romantizismen erträglich und, vor allem, mit Knalleffekten konsumierbar. Seine Mischung traf haarscharf den Nerv der Zeit und deren heimliches Bedürfnis: brutale Akzente und weiche Lyrismen, greller Protestschrei und zärtliches Selbstmitleid, harte Sachlichkeit und pure Sentimentalität.

Der nüchterne Erlebnisbericht erwies sich als ein Roman, der keinerlei Ansprüche an die Leser stellte. Das große Zeitdokument war zugleich ein Stück Unterhaltungsliteratur in unmittelbarer Nähe der Kolportage. »Im Westen nichts Neues« hat unzähligen Menschen auf dem ganzen Erdball gezeigt, was Krieg in unserem Jahrhundert für das Individuum bedeutet. 1966 nach der Gesamtauflage seines Erstlings befragt, konnte Remarque lässig antworten: »Zwanzig bis dreißig Millionen in etwa fünfundvierzig bis fünfzig Sprachen.« Zunächst freilich war das Buch von mehreren Verlagen abgelehnt worden: Das Kriegsthema interessiere niemanden. Daraus hatte Remarque eine Folgerung für das ganze Leben gezogen: daß Bestseller sich nicht im voraus berechnen lassen und daß wirkliche Erfolge immer nur im Widerspruch zu den gängigen Erfolgstheorien entstehen können.

Für seine späteren Bücher wählte er mit erstaunlicher Konsequenz Stoffe, die als unpopulär galten. Inflationszeit und Krisenjahre in der Weimarer Republik (»Drei Kameraden«, »Der schwarze Obelisk«), Schicksale politischer Emigranten aus dem Dritten Reich (»Arc de Triomphe«, »Die Nacht von Lissabon«) und sogar Erlebnisse von KZ-Häftlingen (»Der Funke Leben«). Er war immer erfolgreich, mit jedem seiner Bücher erzielte er märchenhafte Auflagen.

Als die stärkste Seite des Schriftstellers Remarque erwies sich (paradoxerweise) sein Geschmack. Denn es war der Geschmack von Millionen. Es ist nicht wahr, daß er seinen Le-

sern entgegenkommen wollte. Er hat das niemals nötig gehabt. Er schrieb immer nur, was und wie es ihm gefiel. Und eben das wollte das Publikum haben.
Seine Gestalten haben viele Schwächen, doch gerade diese Schwächen machen sie so liebenswert. Sie haben allerlei Tugenden, die sich indes in erträglichen Grenzen halten. Bisweilen müssen sie rauh und hart sein, aber sie werden nie vulgär. Sie neigen zur Schwermut, mitunter zur Resignation – und sind gleichwohl ganze Kerle. Sie geraten in Not und Bedrängnis, aber sie lassen sich nicht unterkriegen. Sie leiden und verzweifeln und bezwingen doch das Dasein – und dies meist in besonders schönen und dekorativen Städten, in Paris, Rom oder Lissabon, in Venedig, Palermo oder Monte Carlo.
Remarque hat auf seine Weise Hemingway mit Karl May und Ganghofer verbunden und das Endergebnis mit einem handwerklichen Können serviert, das seinesgleichen sucht. Er wußte, wie man eine Szene aufbaut, wie man Requisiten, die auch der Klassenletzte als Symbole anerkennt, verwendet, wie man einen Dialog führt, auf Pointen zusteuert und Höhepunkte vorbereitet. Natürlich, ein Klischee jagt hier das andere. Aber er hat sich nie bemüht, diese Klischees zu umgehen, er hat sie vielmehr gesucht, um sich jenen verständlich zu machen, die er unterhalten wollte.
Als Remarque 1970 in Locarno starb – er war 1931 ins Exil gegangen und nie in seine Heimat zurückgekehrt –, schrieb ich, Deutschland brauche immer noch sein Buch »Im Westen nichts Neues«. Ich glaube, dies ist noch heute richtig.

*Was sind nach Ihrer Meinung die Gründe dafür, daß Heinrich Mann in seiner zweiten Lebenshälfte keine guten Romane mehr geschrieben hat?*

Hier gleich meine Antwort: Ich weiß es nicht. Ich kenne auch niemanden, der diese Frage beantworten könnte. Aber offenbar ist es nötig, zu erklären, warum wir angesichts solcher Fragen ratlos sind.

Die Entstehung eines Kunstwerks, eines Dramas oder eines Romans, einer Symphonie oder einer Sonate ist ein Prozeß, der sich nicht rational begründen läßt. Wir wissen auch nicht, warum zwei Brüder über ganz unterschiedliche Begabungen verfügen. Christoph von Dohnányi gehört zu den weltberühmten Dirigenten unserer Zeit. Sein Bruder Klaus ist zwar ebenfalls musikalisch, aber nie war die Musik seine Passion oder Profession. Vielmehr war und ist es die Politik.

Der geniale französische Dichter Rimbaud wurde siebenunddreißig Jahre alt. Aber schon im Alter von zwanzig Jahren war seine literarische Laufbahn endgültig beendet. Warum?

Im Leben Rilkes gibt es eine jahrelange Schaffenskrise, in der nur Briefe entstanden, Tausende und zum Teil sehr schöne. Eines der Themen dieser Briefe ist ebendiese Krise, deren Ursachen er vergeblich zu erklären versucht. Im Februar 1922 ist Rilkes außergewöhnliches Talent plötzlich und ohne Grund wieder ausgebrochen. In kurzer Zeit beendete er die vor dem Ersten Weltkrieg begonnenen »Duineser Elegien« und schrieb die »Sonette an Orpheus«. Was war geschehen?

Das Manuskript der »Buddenbrooks« von Thomas Mann war 1900 abgeschlossen, das Buch wurde 1901 veröffentlicht. Der nächste bedeutende Roman Thomas Manns (»Der Zauberberg«) folgte erst 1924. In den dreiundzwanzig Jahren zwischen diesen beiden Büchern erschienen zwar herrliche Novellen (»Tristan«, »Tonio Kröger«, »Der Tod in Venedig«), doch nur ein einziger Roman Thomas Manns: »Königliche Hoheit«. Ich habe dieses kleine Buch sehr gern, und ich glaube, daß es bisweilen unterschätzt wird. Dennoch handelt es sich doch um ein Nebenwerk. Eine vergleichbare Pause zwischen zwei großen Romanen hat es im Leben von Thomas Mann nie wieder gegeben. Was verbirgt sich dahinter?

Bei Uwe Johnson entstand nach drei Bänden seiner »Jahrestage. Aus dem Leben der Gesine Cresspahl« eine auffallende Unterbrechung. Sie dauerte so lange, daß man mit der Vollendung der Tetralogie kaum noch rechnete. Gleichwohl erschien nach zehn Jahren der vierte Band und erwies sich als der bedeutendste. Eine überzeugende Erklärung dieses Sachverhalts gibt es nicht.

Ein Beispiel aus der Musik: Symphonien, Sonaten, Lieder, Kammermusik – der Schubert konnte schlechthin alles. Aber warum ist ihm trotz mehrfacher Versuche keine einzige Oper wirklich gelungen?

Jeder, der sich eine Weile ernsthaft mit der Literatur- oder der Musikgeschichte beschäftigt hat, kann viele ähnliche Fälle beitragen. Gibt es überhaupt Künstler, die eine Krise nicht kennen? Gibt es Schriftsteller, die nie an einer Schreibblockade gelitten haben? Wir müssen uns ein für allemal damit abfinden, daß im Bereich der Kunst viele Fragen existieren, die sich nicht beantworten lassen.

Und wie war es nun mit Heinrich Mann? Zunächst: Stimmen denn die Voraussetzungen, die in der Frage der Leserin aus Paderborn enthalten sind? Daß er also in der ersten Lebenshälfte sehr wohl gute Romane geschrieben hat, doch nicht in der zweiten? Das kann man nicht mit wenigen Sätzen beantworten. Hierüber also in einer Woche.

*

Stimmen die Voraussetzungen, die in dieser Frage enthalten sind? Zwischen uns sei Wahrheit: Heinrich Mann gehört zu jenen bekannten und auch berühmten deutschen Schriftstellern des zwanzigsten Jahrhunderts, die ich nicht sonderlich schätze, geschweige denn liebe.

Die Romane, die er nach dem Ersten Weltkrieg geschrieben hat, sind allesamt ziemlich schlecht – am ehesten kommt noch das im Exil entstandene Romanwerk über König Henri Quatre in Betracht, in dem mit vielen aktuellen Bezügen (als Gegenfigur zu Hitler) ein Volksführer gefeiert wird, der die Synthese von Macht und Moral verkörpert.

Von den aus dem wilhelminischen Deutschland stammenden Romanen hat »Die kleine Stadt«, die Geschichte eines Operngastspiels in einer italienischen Ortschaft, zunächst ihre Leser gefunden. Aber treffend schrieb Siegfried Lenz: »Das kunstvoll veroperte Durcheinander hält uns nicht in seinem Bann.« Tatsächlich ist das Buch inzwischen gänzlich verblaßt.

Ungleich wichtiger ist der Roman »Der Untertan«, an dem Heinrich Mann ausnahmsweise lange und gründlich gearbeitet hat. Er bietet einen Querschnitt der Gesellschaft im wilhelminischen Deutschland. Keine Schicht bleibt unberücksichtigt und, das heißt, unkritisiert. So sind sie denn auch alle da: Aristokraten und Bürger, Unternehmer und Richter, Beamte und Offiziere, Lehrer und Geistliche, Arbeiter, Politiker und Huren. Die vielen Episoden und Genreszenen dienen als Hintergrund für die Geschichte eines Diederich Heßling, der beides zugleich ist – ein sich feige duckender Untertan und ein sadistischer Tyrann.

Diese Lebensgeschichte ist mit wahrhaft imponierender Angriffslust und mit kaum verhehlter Schadenfreude erzählt.

Doch nach etwa einem Drittel des Romans läßt unser Interesse merklich nach. Man hat nun das Bild der von Heinrich Mann entlarvten und angeklagten Gesellschaft. Es ist so einleuchtend, daß es keiner Ergänzung mehr bedarf.

Nicht anders verhält es sich mit dem Personal des Romans. Die Ansichten und Handlungen lassen sich in den meisten Fällen leicht voraussehen. Der Pastor meint und tut, was man von einem Pastor in der wilhelminischen Zeit erwartet. Der Major sagt, was ein Major der kaiserlichen Armee zu sagen hat. So ist es auch mit Diederich Heßling: Schon nach hundert Seiten ist sein Fall gänzlich klar. Es ist eine kalkulierbare Figur, eine Marionette.

Der im Sommer 1914 abgeschlossene Roman war während des Krieges für die Zensurbehörde natürlich nicht akzeptabel. Er konnte erst nach dem Waffenstillstand, Ende 1918, erscheinen. Die höhnische Abrechnung mit dem Kaiserreich kam unzähligen Lesern wie gerufen. Nach dem Zweiten Weltkrieg war der »Untertan« wieder erfolgreich, vor allem in der DDR. Beigetragen hatte hierzu Wolfgang Staudtes hervorragende Verfilmung aus dem Jahre 1951.

Von allen Romanen Heinrich Manns ist mir am liebsten ein rasch geschriebenes Buch aus dem Jahre 1905: »Professor Unrat«. Man hat diesem Roman vor allem die scharfe moralische Kritik der bürgerlichen Gesellschaft im Kaiserreich zugute gehalten, er wurde also als eine Art Introduktion zum »Untertan« verstanden. Aber die Geschichte des Professor Raat, der Unrat genannt wird, spielt sich doch auf einer anderen Ebene ab.

Er ist ein bösartiger Lehrer, der die ihm ausgelieferten Schüler aufs gemeinste schikaniert, ein ekelhafter Mensch, den Heinrich Mann bis zur Lächerlichkeit degradiert. Doch je tiefer sich dieser Unrat in eine Affäre verstrickt, die schließlich zu seinem Untergang führt, desto mehr erregt er ein Gefühl des Autors, mit dem dieser, als er den Roman begann, vielleicht gar nicht gerechnet hat. Ich spreche von Mitleid. Im Unterschied zu Diederich Heßling ist Unrat nicht nur widerlich, sondern auch bedauernswert. Er ist ein einsamer Mann, dessen Gier nach Macht ihre Wurzeln in seiner heimlichen Sehnsucht nach menschlicher Zuwendung, nach Liebe hat.

So haben wir es hier vor allem mit der Geschichte eines älteren Mannes zu tun, der in die Abhängigkeit von einer Frau gerät – eine erotische und sexuelle Abhängigkeit. In dem Augenblick, in dem Unrat zum Opfer der Liebe wird, hört er auf, lächerlich zu sein. Was immer Heinrich Mann ursprünglich geplant hatte – im Laufe der Handlung des Romans identifiziert er sich mit seinem Helden.

Zunächst blieb der »Unrat« ohne Erfolg. Ein starkes Echo fand er erst um 1930, und zwar dank der Verfilmung unter dem Titel »Der blaue Engel« – mit Marlene Dietrich und Emil Jannings in den Hauptrollen.

*Habe die Lektüre der Tagebücher von Thomas Mann enttäuscht aufgegeben. Muß ich wirklich lesen, wie sein Schlaf war, sein Frühstück und ob er den Spaziergang mit oder ohne Weste gemacht hat? Frage: Warum solch ein Unterschied zu seinen großartigen Romanen und Geschichten? Schrieb da ein anderer Mensch?*

Thomas Mann hat seine frühen Tagebücher vernichtet, die späteren hingegen eigenhändig verpackt und versiegelt und mit der Weisung versehen, sie nicht vor Ablauf von zwanzig Jahren nach seinem Tod (ursprünglich von fünfundzwanzig

Jahren) zu öffnen. Er hatte also nichts dagegen, daß sie in Zukunft bekanntwerden. Eine derartige Genehmigung kommt bei einem Schriftsteller wie Thomas Mann einer Aufforderung gleich. Warum war ihm daran gelegen?

Meisterhaft hat er seinen Ruhm verwaltet. Seine zahlreichen Autoporträts und Lebensabrisse demonstrieren die Kunst der raffinierten Selbstpräsentation auf höchster Ebene. Auf die literaturkritische Beurteilung seines Werks hat er ebenfalls einen entscheidenden Einfluß ausgeübt: Da er der beste Kenner dieses Werks war, konnte Thomas Mann immer wieder mit Gedanken und Formulierungen aufwarten, die von den Interpreten in der ganzen Welt (und meist zu Recht) übernommen wurden.

Fast will es scheinen, als sei er zum Ergebnis gekommen, daß es leichtsinnig wäre, den postumen Revisionsprozeß, der auch ihm nicht erspart bleiben konnte, anderen zu überlassen, daß es vielmehr richtig sei, sich der Sache persönlich und beizeiten anzunehmen. So ging er jenen, die Jahrzehnte nach seinem Tod seine Entmonumentalisierung für das Gebot der Stunde hielten, mit gutem Beispiel voran: Sie läßt sich schwerlich noch weiter treiben, als er selber es schon getan hatte – eben in seinen Tagebüchern.

Schon in den Jahren der Weimarer Republik war Thomas Mann ein König im Reich der Literatur: Jeder Zoll ein bürgerlicher Dichterfürst. Er liebte die Rolle, die er spielte; und er spielte sie vorzüglich, zumal im Exil, als er zur höchsten Repräsentanz aufsteigen konnte, die je einem deutschen Schriftsteller zugefallen war. Er war bereit, seinen ganzen Habitus den Erfordernissen dieser Rolle unterzuordnen: Die Selbststilisierung und die kunstvolle Selbstinszenierung – das war sein Element.

Vielleicht konnte er die Existenz, für die er sich entschieden hatte und die er so konsequent verwirklichte, nur ertragen, weil er sich einen Freiraum zu bewahren wußte, zu dem niemand zugelassen war. Sein Tagebuch, dieser Monolog ohne Zuhörer, war der Schlupfwinkel, in dem er ohne Zeugen sein konnte. Es war sein Asyl und sein Rettungsring. Nur im Tagebuch leistete er sich den Verzicht auf Schminke und Maske, auf die Rolle, die er längst zu spielen gewohnt war. Die Tagebücher sind frei von Koketterie. Der sie geschrieben hat, will niemandem gefallen, niemanden beeindrucken. Was er sucht, ist nicht mehr und nicht weniger als die Wahrheit. Aber worüber? Über die Epoche, über Deutschland, über die Zeitgenossen, über Literatur und Musik? Davon ist hier immer wieder die Rede, doch die Äußerungen über allgemeinere Themen sind nur Anlaß und Vorwand für die Auftritte des leidenden Helden. Die einzige Wahrheit, nach der Thomas Mann unermüdlich forscht, ist jene über seine eigene Person. Diese Wahrheit will er allen, die sie kennen wollen, ohne Abstriche zugänglich machen.

Noch stärker als sein Drang zur Selbsterkundung ist sein Bedürfnis, der Liebe zu sich selbst gerecht zu werden. Nur diese außergewöhnlich intensive Liebe kann erklären, daß ihm stets daran gelegen war, jede noch so unerhebliche Einzelheit seines Alltags festzuhalten. Schon aus Zeitgründen mußte dies sehr rasch geschehen, er mußte sich in den meisten Fällen auf wenige Stichworte begrenzen. Viele Notizen sind so belanglos wie jene, daß er einen Spaziergang »ohne Weste« gemacht hat. Von Interesse kann höchstens die Tatsache sein, daß es ihm angebracht schien, derartiges aufzuschreiben.

Es stimmt schon, daß die Lektüre der beinahe immer im »Telegrammstil« verfaßten Notizen stets mühevoll und oft unergiebig ist. Wer aber die Tagebücher aufmerksam und geduldig liest, kann ihnen – um nur ein einziges Beispiel anzu-

führen – entnehmen, daß der in der Öffentlichkeit stets förmlich und steif auftretende und sich mit Ironie und Würde umgebende Großschriftsteller in Wirklichkeit ein Neurotiker war, der wochen- und monatelang in der Angst lebte, die Zurechnungsfähigkeit einzubüßen.
Diese Tagebücher stammen aus der gleichen Feder wie die weltberühmten Romane und Erzählungen. Nur haben sie einen anderen Zweck und eine andere Funktion, einen anderen Adressaten. Ich habe volles Verständnis für die Leser, die die Lektüre der Tagebücher enttäuscht abbrechen. Aber sie sollten andererseits auch Verständnis für jene haben, die – und ich gehöre zu ihnen – Thomas Manns Tagebücher für wichtige, für höchst aufschlußreiche Dokumente der deutschen Literatur halten.

*Kann man russische Autoren (Dostojewskij, Tolstoi, Gontscharow) wirklich kennen, wenn man mangels russischer Sprachkenntnisse ihre Werke nur in einer Übersetzung lesen kann? Und ist es bei einer meisterhaften Übersetzung denkbar, daß sie besser ist als das Original?*

Die Beantwortung dieser Frage hängt vor allem von der literarischen Gattung ab. Die Romane, Erzählungen und Prosastücke von Tolstoi und Dostojewskij, Turgenjew und Gontscharow, Gogol und Tschechow erschienen in Deutschland im neunzehnten Jahrhundert in meist sehr dürftigen Übersetzungen. Gleichwohl haben Kritik und Publikum sofort erkannt, daß es sich um geniale Werke handelt. Denn Prosa läßt sich (von ganz wenigen Ausnahmen abgesehen) in eine andere Sprache sehr wohl übertragen, auch wenn manches dabei verlorengeht. Heute gibt es diese Werke der großen

Russen in neuen und meist guten, ja sehr guten Übersetzungen.
Anders verhält es sich mit der Lyrik. Geniale Lyrik ist tatsächlich meist unübersetzbar. Dennoch wird sie immer wieder, ebenso aus dem Russischen wie aus dem Französischen oder dem Italienischen, ins Deutsche übersetzt, und das ist gut so. Zwar wird von dem Charme der Originale nur sehr wenig gerettet, aber wenig ist doch besser als nichts. So unpoetisch viele Übersetzungen auch sind, so wird man doch mehr oder weniger über die Eigenart und die Qualität des jeweiligen Autors informiert.
Das Endergebnis dieser Sachlage: Die größten russischen Dichter (Puschkin, Lermontow, Nekrassow) kennt man bei uns so gut wie überhaupt nicht. Den Gebildeten ist der Name Puschkin immerhin nicht ganz unbekannt. Denn sein Hauptwerk, sein Epos »Eugen Onegin«, liegt der Tschaikowsky-Oper zugrunde. Doch wird diese Oper bei uns neuerdings in russischer Sprache aufgeführt. Wer unbedingt russische, französische oder englische Poesie lesen will, der muß eben die jeweilige Sprache lernen.
Und zur zweiten Frage: Wenn ein bedeutender Dichter ein mittelmäßiges oder schwaches Gedicht übersetzt, dann kann es passieren, daß die Übersetzung das Original übertrifft. Aber oft kommt das nicht vor.

*Welche Romane aus der ehemaligen DDR halten Sie heute noch für lesenswert?*

Das ist keine leichte Frage, und zwar vor allem deshalb, weil man, um sicher zu sein, welche dieser Romane, die vor dreißig oder vierzig Jahren erschienen sind, immer noch lesenswert sind, sie jetzt noch einmal lesen müßte. Zu dieser abermaligen Lektüre habe ich anderer Aufgaben wegen weder Zeit noch, offen gesagt, Lust.

Auf jeden Fall kann man vorerst einmal sagen: Beinahe alle aus jener Zeit stammenden DDR-Romane sind mittlerweile verblaßt, wenn nicht ganz und gar vergessen. Um Mißverständnissen vorzubeugen: Das gleiche gilt mehr oder weniger für die damals publizierten westdeutschen Romane.

Um hier nur ein Beispiel anzuführen: Der Romancier Hans Erich Nossack, Jahrgang 1901, wurde in der Bundesrepublik geschätzt und gerühmt und mehrfach mit hohen Preisen ausgezeichnet. Sein Roman »Spätestens im November« war sehr erfolgreich und wurde zu den wichtigsten Büchern der fünfziger Jahre gezählt. Heute kann sich kaum jemand an Nossacks Bücher (er starb 1977) erinnern, die jüngere Generation kennt nicht einmal seinen Namen.

Zu den DDR-Romanen, die mich beeindruckt haben, gehört Christa Wolfs »Nachdenken über Christa T.« aus dem Jahre 1969. Ich habe das Buch in der »Zeit« als eigenwillig und modern gerühmt, als unruhige Elegie und als poetische Verteidigung des Individuums gegen die »Eisernen Definitionen« der SED. Und heute? Ein Kollege hat den Roman unlängst wiedergelesen und mich gewarnt. Er wollte mir eine Enttäuschung ersparen.

Hermann Kants »Die Aula« (1966) war damals sehr populär, schien mir indes recht fragwürdig. Aber gelangweilt hatte er mich nicht. Wichtiger als die »Aula« ist Kants 1977 veröffentlichter Roman »Der Aufenthalt«, die Geschichte eines jungen Soldaten, der gegen Ende des Krieges in polnische Kriegsgefangenschaft gerät. Die Handlung spielt in Gefängnissen und, vor allem, in Kriegsgefangenenlagern, zumal in Warschau. Vielleicht gehört dieser »Aufenthalt«, ein ernstes und

aufschlußreiches Buch, zu den immer noch lesenswerten DDR-Romanen, vielleicht.
Nicht vergessen ist wohl das geschickt an den Werther anknüpfende Buch »Die neuen Leiden des jungen W.« von Ulrich Plenzdorf, ein pfiffiges, zeitkritisches Werkchen, das (erfreulicherweise) diesseits und jenseits der Elbe viel gelesen wurde, zumal in den Schulen. Es hat 1973 zum ersten Mal etwas artikuliert und erkennen lassen, was vorher überhaupt nicht oder nicht so deutlich sichtbar war.
Dann sei noch an einen Welterfolg der DDR-Literatur erinnert – an den Roman »Jakob der Lügner« von Jurek Becker, der 1997 gestorben ist. Der Roman erzählt von der Ermordung der Juden, vom Leben und Tod im Getto einer polnischen Kleinstadt in den Jahren des Zweiten Weltkriegs. Trotz dieses Themas ist es ein Buch mit Humor, mit Charme und Grazie. Man sollte es sich noch einmal vornehmen.
Und schließlich, wenn auch nicht zum ersten Mal in dieser Rubrik: Man muß sich damit abfinden, daß Romane vergänglich sind und nur in seltenen Fällen länger als dreißig oder vierzig Jahre am Leben bleiben.

*Was halten Sie von Graham Greene? Wie ließe sich dieser Schriftsteller charakterisieren?*

Graham Greene, der 1991 gestorben ist und am 2. Oktober hundert Jahre alt geworden wäre, erfreute sich in Deutschland einer beachtlichen Popularität, doch, fürchte ich, keiner nennenswerten Autorität. Die besten seiner Bücher fanden auch hierzulande (wie überall) viele Leser, wurden jedoch von der Kritik stiefmütterlich behandelt, wenn nicht gar ignoriert.

Allerdings hat Greene niemals verheimlicht, daß ihn das leidende Individuum ungleich mehr interessiert als alle Dichtung. Der Ehrgeiz, mit dem Wort zu experimentieren und in unbekannte Bereiche der Literatur vorzustoßen, war ihm fremd. Seine Vorbilder suchte er nicht in der modernen Kunst, die ihm, von wenigen Ausnahmen abgesehen, gleichgültig war, sondern im angelsächsischen Kriminalroman und in der erfolgreichen Trivialliteratur.

Ihre Ausdrucksmittel benötigte er, um seinen Ansichten die denkbar größte Verbreitung zu ermöglichen. Das hat er denn auch auf geradezu imponierende Weise verwirklicht: Die Bücher dieses britischen Katholiken wurden von Millionen gelesen, für die er sie nicht zuletzt bestimmt hat – von Andersgläubigen und Nichtgläubigen.

So hat Greene den englischen Detektivroman ausgiebig mit Weihwasser besprengt, doch ohne die wichtigsten Elemente dieser Gattung je zu vernachlässigen: die Intelligenz und die Logik, die Psychologie und die Ironie. Ihm gelang es, religiöse Kriminalromane zu schreiben, die spannend sind und – seltener freilich – erbauliche Konversationsstücke, die amüsieren. Er war ein christlicher Missionar mit Witz und Humor, ein katholischer Prediger mit Charme und Toleranz.

Seine Bücher erzählen vom Kampf des Satanischen mit dem Göttlichen. Aber sie spielen weder im Himmel noch in der Hölle: Greenes Welt bleibt immer irdisch, sie ist menschlich und allzumenschlich. Denn was auf die meisten katholischen Schriftsteller von einiger Bedeutung zutrifft, zumal auf die französischen von Bernanos bis Mauriac, gilt auch für Greene: Nichts fasziniert ihn mehr als die Sünde.

Greene will zeigen, daß sich das Individuum seiner Schwäche und seiner Sündhaftigkeit bewußt werden muß, um seine Abhängigkeit von Gott zu begreifen. Niemand meint es ernster und aufrichtiger als Graham Greene, wer aber seine Bücher kennt, weiß, daß sich der Vorwurf, er kokettiere gelegentlich mit dem Laster und der Verderbtheit, so leicht nicht widerlegen läßt.

Auf jeden Fall waren für die Literatur, ob katholisch oder nicht, die Frevler und Sünder immer schon bemerkenswerter, reizvoller als die Gerechten und Reinen. Deshalb hat sich ja als die vorzüglichste Gestalt des deutschen Theaters gleich der leibhaftige Satan erwiesen.

Wenn ein Romancier wie Greene die Taten und Erlebnisse vor allem der Verworfenen schildert, so kommt es nur auf die Wahrhaftigkeit der Darstellung an, wogegen den Umstand, daß hier das Bild des Negativen gezeichnet wird, um Gottes Barmherzigkeit und Größe nachzuweisen, jeder Leser ignorieren darf. In der Tat braucht sich, wer solche Romane wie »Die Kraft und die Herrlichkeit« oder »Das Herz aller Dinge«, »Der stille Amerikaner« oder »Unser Mann in Havanna« genießen will, weder um ihre theologischen Voraussetzungen zu kümmern noch um die angestrebten pädagogischen Wirkungen.

Vielleicht ist eben das eines der Geheimnisse, die den außerordentlichen internationalen Erfolg des britischen Katholiken erklären: Er wußte die qualvolle Passion mit der kühlen Perfektion zu verbinden. Zugleich hat es mit diesem Dualismus zu tun, daß sogar die besten Bücher Greenes ein leises Unbehagen und einen etwas zwiespältigen Eindruck hinterlassen. Unterhaltung und Bekehrung, Sensation und Konfession, Kriminalität und Religiosität, Sexualität und Katholizität – eine derartige Mischung kann nicht jedermanns Sache sein. Doch Greenes handwerklicher Meisterschaft, seiner klaren und durchsichtigen Diktion, seiner zuverlässigen Beobachtungsgabe und seiner stets unaufdringlichen und oft ver-

blüffenden Menschenkenntnis – all dem gebührt Bewunderung.
Auf der literarischen Landkarte läßt er sich ziemlich genau placieren – etwa zwischen Conrad, Hemingway und Remarque, was übrigens auch als Hinweis auf das Qualitätsgefälle innerhalb der Epik Greenes verstanden werden kann. Von dem einen hat er die romantisch verbrämte Realistik, von dem anderen die Sensibilität und Brutalität, und an den dritten schließlich erinnern seine Banalität und Sentimentalität. Wie auch immer: Es lohnt sich immer noch, Greenes Romane zu lesen.

*Ich erinnere mich an Ihre Äußerungen über englischsprachige Autoren. Dagegen ist mir nicht bekannt, daß Sie sich je über französische Romanautoren geäußert hätten. Irre ich mich?*

Die französische Literatur hat in meiner Jugend eine sehr große Rolle gespielt. Ich las vor allem und immer wieder Balzac, Stendhal, Merimée, Flaubert, Maupassant, Zola und andere. Später kamen die Romanciers des 20. Jahrhunderts hinzu, vor allem Proust und André Gide. Aber mit dem französischen Drama hatte ich immer schon Schwierigkeiten. Ich schätze Molière, natürlich, doch ohne ihn sonderlich lieben zu können. Corneille und Racine blieben mir fremd.
In meiner literaturkritischen Arbeit befaßte ich mich zunächst ausschließlich mit deutscher Literatur, womit, versteht sich, auch die Literatur Österreichs und der Schweiz gemeint ist. Erst als ich 1958 nach Deutschland zurückgekehrt bin, kam die polnische Literatur hinzu, und zwar aus zwei Gründen: Ich wurde sofort von verschiedenen Zeitungen, vor allem von der F.A.Z. und der »Welt«, bedrängt, über polnische Neuerscheinungen zu schreiben.

Zugleich stellte ich fest, daß man damals von der polnischen Literatur keine Ahnung hatte. Da ich nun in Polen eine Anzahl von Jahren gelebt habe – keineswegs freiwillig, sondern weil ich von Hitler dorthin deportiert wurde –, hielt ich es für meine Pflicht, mich dieses Themas anzunehmen. Meine Arbeiten über die Literatur der Polen heute und gestern hatten übrigens, was mich nicht wunderte, nur ein bescheidenes Echo.

Nachdem mir im Jahre 2001 der von den Partnerstädten Göttingen und Thorn gegründete deutsch-polnische Preis (der Samuel-Bogumil-Linde-Preis) verliehen wurde, habe ich diese Arbeiten in einem Buch mit dem Titel »Erst leben, dann spielen. Über polnische Literatur« zusammengefaßt. Es sind achtundzwanzig Aufsätze, das Buch erschien im Jahre 2002 im Wallstein Verlag, Göttingen.

Das Buch ist – wie alle in ihm enthaltenen Kritiken – ausschließlich für deutsche Leser bestimmt. Um so mehr hat es mich gefreut, daß es in Polen, wo man mir gern vorwirft, daß ich mich hierzulande zuviel mit deutscher und viel zuwenig mit polnischer Literatur beschäftige, offensichtlich nicht unfreundlich aufgenommen wurde. Denn es wird demnächst in der ehrwürdigen Verlagsanstalt »Ossolineum« in polnischer Übersetzung veröffentlicht werden.

Aber neben der deutschen Literatur gilt mein Interesse ganz besonders der nordamerikanischen Literatur. Hierüber werde ich bei nächster Gelegenheit Auskunft erteilen. Denn vorerst muß ich ja die vorwurfsvoll klingende Frage nach der französischen Literatur beantworten. Also: Es stimmt nun doch nicht, daß ich mich nie über die Franzosen äußere.

Schon in unserem, wie es sich herausstellt, unvergessenen »Literarischen Quartett« kamen natürlich auch französische Bücher vor, wenn auch vielleicht nicht oft genug. Ich habe

auch gelegentlich Rezensionen über französische Romane veröffentlicht, etwa über die Bücher der von mir sehr geschätzten Marguerite Duras.
Wahr ist allerdings, daß die französische Literatur, verglichen mit ihrer unzweifelhaften Bedeutung, in meiner Arbeit doch sehr selten vorkommt. Warum? Weil ich es leider nie geschafft habe, über alle Literaturen zu schreiben, die für mich wichtig sind. Weil meine Möglichkeiten Grenzen haben? Ja. Aber eben auch deshalb, weil mich die deutsche Literatur immer am stärksten fasziniert oder doch zumindest irritiert hat. Bedarf das einer Rechtfertigung oder Entschuldigung?

*Wie stehen Sie zu Peter Hacks, dessen Schauspiel »Ein Gespräch im Hause Stein über den abwesenden Herrn von Goethe« Sie immerhin in den jetzt erschienenen Dramenteil Ihrer Kanonbibliothek aufgenommen haben?*

Dieser Hacks, der vor nicht langer Zeit (im August 2003) im Alter von 75 Jahren gestorben ist, war schon ein außergewöhnlicher Autor, frech und witzig, geistreich und sprachmächtig. Sein Werk muß vor dem Zeithintergrund gesehen werden – und der Zeithintergrund, das war, so wollte es Hacks, die DDR.
Denn die entscheidende Figur in seinem Leben war kein anderer als Bertolt Brecht, den er bewunderte und verehrte. Von ihm hat er viel gelernt (er gilt als Brechts bester Schüler), von ihm hat er sich in die DDR verführen lassen. Jedenfalls war es Brecht, der ihm 1955 zur Übersiedlung nach Ost-Berlin verholfen hat und der eine Weile lang seine schützende Hand über ihn hielt.

Natürlich gab es bald viel Kummer, und zwar auf beiden Seiten. Hacks war für die SED viel zu begabt, zu originell, zu selbständig. Als 1962 die Partei lautstark wieder einmal die »Parteilichkeit« der Literatur verlangte und drohend den »sozialistischen Realismus« verkündete, fiel Hacks in Ungnade. Seine Stücke, wirkungsvoll und erfolgreich, konnten weder aufgeführt noch, wenn sie schon in den Spielplänen waren, weiter gespielt werden.

Man erwartete von ihm Überarbeitungen. Er kam derartigen Aufforderungen widerwillig und in (sehr bescheidenen) Grenzen nach, was indes ihm und dem Theater in der DDR nichts genutzt hat: Die auf die aktuellen Verhältnisse in West und Ost anspielenden Bühnenwerke waren, mehr oder weniger kastriert, weiterhin für die DDR unerträglich.

Zur Enttäuschung und Verärgerung der SED-Kulturpolitiker weigerte sich Hacks nach wie vor, das zu liefern, was sie von ihm höchst eigensinnig und immer wieder forderten: Dramen im Geist des sozialistischen Realismus. Aber er dachte nicht daran, die DDR etwa zu verlassen, er fand, geschickt und wendig, einen nicht so üblen Ausweg.

Er beschloß, alte Stücke und Stoffe zu bearbeiten, ihre Tendenz, wie man damals gern sagte, umzufunktionieren. Dazu gehören der »Frieden« (nach Aristophanes), die berühmte Offenbach-Operette »Die schöne Helena« und der offenbar unsterbliche »Amphitryon«-Stoff.

Für mich konnte es keinem Zweifel unterliegen, daß in einer Kanonbibliothek des deutschen Dramas zwei Stückeschreiber aus der DDR vertreten sein müssen – und zwar Heiner Müller und eben Peter Hacks. Ich entschied mich für den »Auftrag« von Heiner Müller und im Falle Hacks für das höchst interessante, zumal in psychologischer Hinsicht virtuose Monodrama über Goethe. Des Themas wegen? Nicht nur, aber auch. Denn wie sehr sich die Verhältnisse ändern und entwickeln mögen, das Thema Goethe wird von seiner Aktualität und Dringlichkeit, wage ich vorauszusagen, nichts einbüßen.

Wie auch immer: Goethe tritt in dem Stück (glücklicherweise) überhaupt nicht auf, doch ist ausschließlich von ihm die Rede. Das »Gespräch im Hause Stein über den abwesenden Herrn von Goethe« findet zwischen Frau von Stein und ihrem Ehemann statt, der freilich immer bloß zuhört und eisern schweigt.

Also haben wir es nur mit einem Monolog zu tun. Nur? Ich kenne keinen spannenderen Monolog in ähnlichen Dimensionen. Und was hier über Goethe gesagt wird, ist keineswegs banal, vielmehr aufschlußreich und anregend. Einer der Kernsätze des Stückes lautet: »Er war ein Lump; ich erzog ihn; jetzt haben wir einen erzogenen Lumpen: ein Genie.« Frau von Stein behauptet auch, sie habe Goethe nicht für sich gewollt: »Ich wollte ihn für Weimar und die gesittete Welt.«

Und wie war das nun mit der Liebe? Mal sagt Frau von Stein, er habe sie geliebt, mal sagt sie, natürlich hätte sie ihn geliebt. Es geht hin und her, die Dame verstrickt sich in durchaus verständliche Widersprüche. Vielleicht treffen beide Aussagen zu. Das Sexuelle? Haben sie nun, zum Donnerwetter, miteinander, oder haben sie nicht? Die Germanisten beschäftigen sich mit dieser weltbewegenden Frage seit über einem Jahrhundert und konnten mitunter auch mit klaren Antworten aufwarten: Der ungeduldigen Leserschaft wurde gelegentlich als Resultat der gelehrten Forschung mitgeteilt, der Ton der Briefe Goethes an Charlotte von Stein habe sich nach einem bestimmten Datum geändert, damals mußte es passiert sein. Vielleicht, vielleicht auch nicht.

Hacks weicht der Frage keineswegs aus. Seine Antwort lautet

weder »nein« noch »ja«, vielmehr »beinahe«. Er läßt Frau von Stein knapp feststellen: »Goethe hatte seine Gelegenheit, und versagte.« So war das also. Abermals: vielleicht …
Als im August 1999 der hundertfünfzigste Geburtstag Goethes fällig war, machte man sich in Frankfurt Gedanken, wie das Jubiläum auf angemessene Weise gefeiert werden sollte. Einer (meine Bescheidenheit verbietet es mir, zu sagen, wer es war) schlug vor, diesmal kein Stück von, sondern eins über ihn, nämlich das Monodrama von Hacks aufzuführen.
So geschah es im Frankfurter Schauspielhaus – inszeniert von Peter Eschberg, mit Carmen Renate Köper als Frau von Stein. Man spielte es 34 Mal vor ausverkauftem Haus. Warum hat man es dann abgesetzt? Weil der Intendant von einer neuen Chefin abgelöst wurde – und diese kein Vertrauen zu erfolgreichen Stücken hat.
Es haben jetzt, höre ich, viele Theater in den deutschsprachigen Ländern enorme Repertoire-Schwierigkeiten. Ich empfehle, natürlich ganz leise und schüchtern, auf Peter Hacks zurückzugreifen, zumal auf sein Goethe-Stück.

*Sie haben wiederholt Shakespeares »Hamlet« und Kleists »Prinz von Homburg« zu den größten Dramen der Weltliteratur gezählt. Warum?*

Die in dieser Frage enthaltene Feststellung ist nicht ganz richtig und nicht ganz falsch. Das macht aber nichts, denn sie betrifft ja ein überaus beliebtes Gesellschaftsspiel. Nennen wir es das Superlativspiel.
Also: Welches sind die größten deutschen Schriftsteller oder Dirigenten oder Regisseure oder Schauspieler oder Maler unserer Zeit, und wer sind auf diesen Gebieten die Weltmei-

ster? Besonders ergiebig sind solche Fragen, wenn man sie bedeutenden Künstlern stellt, die glauben, sie kämen für die Position eins in Betracht, und die man nun sanft zwingen muß, in ihrer Antwort sich selber doch auszusparen.

Ich habe Yehudi Menuhin einmal gefragt (es war 1960), wer, seiner Ansicht nach, der größte lebende Geiger sei – natürlich von ihm selber abgesehen. Er zierte sich nicht, er antwortete sofort: David Oistrach. Auch Zubin Mehta sparte nicht mit Lob für seine Konkurrenten. Als ich von ihm unlängst wissen wollte, wer die drei größten Dirigenten unserer Zeit seien, antwortete er rasch: Simon, Daniel und Claudio, womit Simon Rattle gemeint war, Daniel Barenboim und Claudio Abbado.

Im Gespräch mit dem Dirigenten Nikolaus Harnoncourt war es umgekehrt: Er wünschte von mir zu hören, wer denn die beiden schrecklichsten Tyrannen im zwanzigsten Jahrhundert gewesen seien. Ehe ich antworten konnte, belehrte er mich: Adolf Hitler und Herbert von Karajan. Das, immerhin, schien mir nicht unoriginell.

Wenn man wissen will, welche drei Bücher ich auf die einsame Insel mitnehmen möchte (die Frage wird oft von ganz unterschiedlichen Zeitungen gestellt), nenne ich in der Regel einen großen Band mit Goethes Gedichten, einen Band mit ausgewählten Dramen von Shakespeare und dann noch einen umfangreichen russischen Roman – entweder von Tolstoi (»Krieg und Frieden« oder »Anna Karenina«) oder von Dostojewskij (»Die Brüder Karamasow« oder den Roman »Verbrechen und Strafe«, welcher früher in deutscher Übersetzung, fälschlicherweise, »Schuld und Sühne« betitelt war).

Bisweilen läßt sich bei Superlativfragen erstaunlich schnell Einigkeit erzielen. In einem kleinen literarischen Kreis überlegten wir uns neulich, wer die drei bedeutendsten Dichterinnen in der Geschichte der deutschen Literatur seien. Ich schlug vor: Annette von Droste-Hülshoff, Else Lasker-Schüler und Ingeborg Bachmann. Zu meiner Überraschung waren alle einverstanden.

Oft werde ich nach den drei für mich wichtigsten Dramen der Weltliteratur gefragt. Die Antwort auf eine derartige Frage hat immer mit dem Kulturkreis zu tun, in dem der Befragte aufgewachsen ist. Franzosen werden sich mit Sicherheit für Molière oder Corneille oder Racine oder gleich für alle drei entscheiden. Bei einem Spanier wird Calderón nicht fehlen. Ein Grieche wird, da es überragende griechische Dramatiker in der Neuzeit nicht gibt, bestimmt eine Tragödie von Sophokles oder Euripides nennen.

Und wer kommt aus deutscher Sicht in Betracht? Ich kann hier nur in meinem Namen sprechen. Ich plädiere stets für Shakespeares »Hamlet«, für Goethes »Faust« und für noch ein deutsches Drama; in der Regel ist es Schillers »Wallenstein« oder eben Kleists »Prinz von Homburg«. Aber ich sage keineswegs, dies seien die wichtigsten Dramen der Weltliteratur, sondern bloß, es seien diejenigen, die mir persönlich am nächsten stehen. Ich kann nicht, um nur dieses Beispiel hier anzuführen, die Bedeutung von Kleist mit jener von Corneille oder Calderón vergleichen.

Nun sollte ich noch sagen, warum ich den »Hamlet« und den »Homburg« besonders liebe. Ich glaube, das hat mit meiner Biographie zu tun, mit meiner Jugend im »Dritten Reich«. Einiges hierüber findet sich in meinem Buch »Mein Leben«.

Das Gesellschaftsspiel mit den Superlativen hat unlängst das Zweite Deutsche Fernsehen in ganz großem Stil inszeniert. Jeder sollte sein Lieblingsbuch nennen. Als Favoriten des Publikums erwiesen sich Autoren, deren Namen ich zum Teil nicht kannte und mittlerweile wieder vergessen habe. Dann

wurden wir informiert, daß in der ZDF-Umfrage die Bibel mehr Stimmen erhielt als Ulla Hahn – oder war es umgekehrt?
Ein solches Superlativspiel kann durchaus aufschlußreich und nützlich sein – vorausgesetzt, man vergißt nicht, daß es nur ein Spiel ist. Auf jeden Fall muß die Frage durchdacht und sehr genau formuliert werden. Es hat keinen Sinn, lediglich vom »Lieblingsbuch« zu sprechen. Dann kann es sich nämlich herausstellen, daß die Nation am Kursbuch der Deutschen Bundesbahn mehr interessiert ist als an der Lyrik Hölderlins.

*In den dreißiger Jahren wurden Rudolf G. Bindings Bücher in Millionenhöhe gekauft und gelesen, zwei Novellen sogar verfilmt. Heute verstauben seine Prosa- und Gedichtbände in Antiquariaten – zu Recht? Sollte man einen Teil seines Werkes überhaupt noch retten?*

Ja, es stimmt schon: Bindings Bücher waren einst sehr populär und wurden zwischen den beiden Weltkriegen auch als Schullektüre gern verwendet. Aber das ist alles lange her: Binding starb vor über sechzig Jahren, seine berühmtesten Werke entstanden vor siebzig oder achtzig Jahren, sein erfolgreichstes Buch, die Novelle »Opfergang«, vor über neunzig Jahren.
Gelegentlich, doch sehr selten, werde ich auf ihn angesprochen. Allerdings sind die Leser, die sich noch an Binding erinnern, in der Regel schon etwa achtzig Jahre alt, wenn nicht noch älter. So ist es, und damit muß man sich abfinden: Literarische Werke sind vergänglich, sie geraten, von wenigen Ausnahmen abgesehen, in Vergessenheit.

In der von mir in den sechziger und siebziger Jahren herausgegebenen fünfbändigen Anthologie deutscher Geschichten des zwanzigsten Jahrhunderts habe ich im dritten Band (»Notwendige Geschichten 1933-1945«) sehr wohl für Binding Platz gefunden: Ich habe die Erzählung »Die Perle« aus dem Jahr 1938 aufgenommen. Doch in dem jetzt im Insel Verlag erscheinenden Kanon der deutschen Literatur ist in dem Teil »Erzählungen« Binding nicht mehr zu finden – und ich glaube nicht, daß dies eine falsche Entscheidung war.
Andererseits plane ich, ihn in dem vierten Teil des Kanons, gewidmet der Lyrik, zu berücksichtigen und zwar mit seinem, wie mir scheint, schönsten Gedicht »Spruch für eine Sonnenuhr«, das mit den Worten beginnt: »Der Tag geht über mein Gesicht«.
Sollte man sein Werk zu retten versuchen, zumindest einige Titel? fragt der Leser aus Dreieich, wo übrigens Binding jahrelang gelebt hat und eine Zeitlang auch Bürgermeister war. Ich bin für eine solche Aktion nicht zu haben, aber nicht etwa aus politischen Gründen.
Binding war ein etwas naiver Mann von nationaler und konservativer Gesinnung. Das »Dritte Reich« hat er zunächst entschieden begrüßt, etwas später äußerte er sich über den Nationalsozialismus verächtlich. Insgesamt war es eine widersprüchliche Haltung, die er selber nie recht erklären konnte. Er starb im Frühjahr 1938.
Wichtiger als seine politischen Schwankungen ist die heikle Frage nach der Qualität der Prosa Bindings. Gerade seine bekanntesten Werke (»Opfergang«, »Keuschheitslegende«, »Reitvorschrift für eine Geliebte«, »Moselfahrt aus Liebeskummer«) zeichnen sich durch eine pseudopoetische Diktion aus, der man einen ernsten Vorwurf nicht ersparen kann: die Nähe zum Kitsch.

Sollte irgendein Verlag jetzt das eine oder andere Buch von Binding neu veröffentlichen wollen – nun, es würde mich nicht stören, ich würde mit Sicherheit nicht dagegen protestieren. Aber daß ich eine derartige verlegerische Initiative befürworte oder unterstütze, das kommt für mich auch nicht in Betracht.

Ich wiederhole: Man muß sich mit der Vergänglichkeit der Literatur abfinden, um Platz zu haben für die neue, die zeitgenössische Literatur.

*»Doktor Faustus« von Thomas Mann hat mir nach dem Kriege sehr geholfen, wesentliche Ursachen der deutschen Katastrophe zu verstehen. Wie würden Sie heute einen jungen Menschen motivieren, diesen Roman zu lesen?*

Natürlich bin ich dafür, daß junge Menschen sich bemühen, die Ursachen der deutsche Katastrophe zu begreifen – und daß man ihnen dabei hilft. Und selbstverständlich bin ich dafür, daß junge Menschen möglichst viel von Thomas Mann lesen. Ich empfehle, die Lektüre dieses doch nicht einfachen oder leichten Autors mit seinen Erzählungen zu beginnen. Ich will hier nur einige nennen, die ich für besonders wichtig halte: »Tristan«, »Tonio Kröger«, »Schwere Stunde«, »Der Tod in Venedig«, »Unordnung und frühes Leid«, »Mario und der Zauberer«.

Für jene, die sich, diese und andere seiner Erzählungen lesend, mit der außerordentlichen und herrlichen Schreibweise Thomas Manns vertraut gemacht haben, werden seine umfangreichen Romane, die viel Konzentration erfordern, mit Sicherheit zugänglicher sein. Ich habe zunächst die »Buddenbrooks« gelesen und glaube nach wie vor, daß dieses frühe Werk ungleich leichter und, in des Wortes bester Bedeutung, unterhaltsamer ist als die späteren Romane. Und wann sollen jüngere Menschen den »Doktor Faustus« lesen? Vorerst überhaupt nicht. Das hat nichts mit der Qualität dieses Buches zu tun, denn es gehört, kein Zweifel, zu den bedeutendsten deutschen Romanen des zwanzigsten Jahrhunderts. Aber der »Faustus« ist von allen Romanen Thomas Manns der mit Abstand schwierigste und komplizierteste, ein Werk, das besonders hohe Ansprüche an den Leser stellt, zumal an seine Bildung. Es ist ein Künstlerroman und ein Deutschlandbuch, in dem die unterschiedlichsten Stoffe und Motive verwertet und abgewandelt werden. Da ist zunächst der Fauststoff, auf den Thomas Mann immer wieder zurückgreift – auf das Volksbuch aus dem 16. Jahrhundert und, versteht sich, auf Goethes Drama.

Die Geschichte des hier im Mittelpunkt stehenden syphilitischen Komponisten Adrian Leverkühn ist zu einem nicht geringen Teil dem Leben Friedrich Nietzsches nachgebildet. Leverkühns Kompositionstheorie stammt in Wirklichkeit von Arnold Schönberg, der übrigens Thomas Mann Plagiat vorgeworfen hat. Ferner und vor allem: Leverkühn, der sich in eine irrationale Gedankenwelt flüchtet und in einen Schaffensrausch und 1933 wahnsinnig wird, erweist sich, mehr oder weniger deutlich, als Sinnbild des nationalsozialistischen Deutschlands. Da gibt es allerlei Verweise, Analogien und Parallelen.

Ich verstehe sehr wohl, daß Gerhart Baum an dieses Buch mit Bewunderung und Dankbarkeit denkt. Auch für mich sind manche Kapitel des »Doktor Faustus« unvergeßlich. Doch ich bin nicht sicher, ob sich dieser Roman als Einführung in die Welt des Nationalsozialismus besonders eignet – und ob man gerade diesem Buch die rationalen Ursachen der deutschen Katastrophe entnehmen kann. Hierüber informieren ungleich besser einige nichtfiktionale Arbeiten Thomas Manns, einige seiner Reden und Briefe und auch Essays wie etwa »Bruder Hitler« aus dem Jahre 1939.

Und schließlich: Alle, die über Hitler und seine Epoche unterrichtet sein wollen, können zu wissenschaftlichen Werken greifen, deren Zahl alljährlich größer wird. Allerdings überfordern sie viele Leser, und zwar schon ihres Umfangs wegen, der von tausend Seiten bis weit über zweitausend reicht. Aber ich kann ein kleines publizistisches Werk über dieses Thema nachdrücklich empfehlen. Es ist sehr klar und lesbar geschrieben und umfaßt nur zweihundert Seiten. Es ist ein kleines Meisterwerk: Sebastian Haffners »Anmerkungen zu Hitler«, erschienen 1978.

## *Macht das Lesen guter Bücher die Menschen besser?*

Der große Geiger Yehudi Menuhin hat stets, in jeder Situation und mit unbeirrbarer Konsequenz Kunst und Leben, Musik und Moral als Einheit begriffen. Richtiger gesagt: Er wollte sie unbedingt als Einheit begreifen. Er hat diese Synthese immer wieder gepredigt und gefordert, er hat sie uns über ein halbes Jahrhundert lang vorgelebt. Er hat versucht, die Violine zu einer Waffe gegen das Unrecht und das Elend auf dieser Erde zu machen.

Als Kind sei er überzeugt gewesen – erzählte er oft –, man könne die Menschen mit Bachs Chaconne oder mit dem Violinkonzert von Beethoven wenn auch nicht gut, so doch jedenfalls besser machen. Aber was haben Bach und Beethoven, Mozart oder Schubert schließlich erreicht? Vermochten sie die Welt zu verändern? Mit Sicherheit – aber nur insofern,

als sie zur vorhandenen Welt ihr Werk hinzugefügt haben. Ein Trost bleibt uns: Wir wissen nur, was die Musik nicht verhütet hat. Wie unsere Welt aussehen würde ohne Musik, das wissen wir nicht. Gilt nicht das gleiche für die Poesie?
Wer die Literaturgeschichte wenigstens in großen Umrissen kennt, ist für solche Illusionen nicht anfällig. Haben die Tragödien und Historien Shakespeares auch nur einen einzigen Mord verhindert? Hat Lessings »Nathan« den im achtzehnten Jahrhundert ständig wachsenden Antisemitismus zumindest eingeschränkt? Vermochte Gogols Komödie »Revisor« die Bestechlichkeit im zaristischen Rußland zu mindern? Ist es Strindberg gelungen, das Eheleben der Bürger zu bessern?
In ungezählten Ländern haben Millionen von Zuschauern die Stücke Bertolt Brechts gesehen. Daß aber einer dadurch seine politischen Ansichten geändert oder auch nur einer Prüfung unterzogen hätte, hat Max Frisch bezweifelt. Er zweifelte sogar, daß Brecht an die erzieherische Wirkung seines Theaters ernsthaft geglaubt hatte. Bei den Proben hatte er, Frisch, den Eindruck: Auch der Nachweis, daß sein Theater nichts zur Veränderung der Gesellschaft beitragen könne, hätte Brechts Bedürfnis nach Theater nicht beeinträchtigt.
Als Thomas Mann die »Buddenbrooks« schrieb, Proust die »Suche nach der verlorenen Zeit«, Kafka den »Prozeß« dachten sie nicht im entferntesten daran, mit ihrer Prosa die Gesellschaft zu bessern – und schufen gleichwohl Werke, die bisher nicht übertroffen wurden.
In meiner langen Laufbahn als Kritiker wollte ich, wie jeder Kritiker, erziehen, doch nicht etwa die Schriftsteller – denn einen Schriftsteller, der sich erziehen läßt, lohnt es sich nicht zu erziehen. Ich hatte vielmehr das Publikum im Auge, die Leser. Ich wollte ihnen erklären, warum die Bücher, die ich

für gut und schön halte, gut und schön sind. Ich wollte sie dazu bringen, diese Bücher zu lesen. Damit die guten Bücher die Menschen besser machen? So einfach ist das nun doch nicht.

Was bleibt von Kunst? Robert Musil hat diese Frage gestellt und gleich lapidar beantwortet: »Wir, als Geänderte, bleiben.« So glaube auch ich, daß gute Bücher ihre Leser verändern. Sie machen die intelligenten Menschen intelligenter und die klugen klüger. Sie machen die Erfahrenen und die Feinfühligen noch erfahrener und noch feinfühliger. Und ist das nicht sehr viel?

Aber daß gute Romane oder Gedichte oder Theaterstücke die Leser tatsächlich besser, wirklich edler machen – davon bin ich nicht überzeugt. Es tut mir sehr leid, daß ich mit einer optimistischeren Antwort hier nicht dienen kann.

*Vor ein paar Tagen habe ich gelesen, daß Gottfried Benn der »wohl bedeutendste deutsche Dichter des 20. Jahrhunderts« sei. Ich hatte bisher eher an Bertolt Brecht gedacht. Und Ihre Meinung?*

Das ist nun ganz sicher, daß Gottfried Benn einer der ganz großen deutschen Dichter des 20. Jahrhunderts war. Sein bürgerlicher Beruf (er war Arzt) bestimmte in hohem Maße seine Weltsicht, zumal im bedeutenden Frühwerk. In ihm fällt die medizinische Terminologie auf, es wird beherrscht von Visionen der Krankheit, des Verfalls und der Verwesung. Man hielt Benn für einen Zyniker, man warf ihm Nihilismus vor. Doch hinter seinem Gestus verbarg sich, vor allem in melodischen, formvollendeten Gedichten, die Sehnsucht nach Liebe.

In den letzten Jahren der Weimarer Republik war Benn zwar nicht gerade erfolgreich, doch fand er viel Anerkennung. 1928 schrieb Tucholsky, Brecht und Benn scheinen mir »die größten lyrischen Begabungen zu sein, die heute in Deutschland leben«.

Besonders stark hat Benns Poesie nach dem Zweiten Weltkrieg gewirkt, sie hat eine ganze deutsche Generation fasziniert. Elke Heidenreich, Jahrgang 1943, bekannte unlängst in der Literaturbeilage der Frankfurter Allgemeinen in einem schönen Artikel über Benn: »Nie wieder hat mich dieser Autor losgelassen, nie hat er aufgehört, zu mir zu sprechen.« Bis heute halten viele Leser, am häufigsten jene, die etwa zwischen 1925 und 1945 geboren wurden, Benn die Treue, nicht wenige von ihnen sind überzeugt, daß er der bedeutendste deutsche Poet des Jahrhunderts sei. Und was wäre dagegen einzuwenden? Nichts, rein gar nichts.

Andere setzen auf Platz eins Rainer Maria Rilke, der Jahrgang 1875 war, dessen Werk aber ganz und gar zum 20. Jahrhundert gehört. Wiederum andere lieben besonders die Lyrik Bertolt Brechts. Ich bin einer von ihnen, und ich will nicht verheimlichen, daß er mir doch ungleich nähersteht als Benn oder Rilke.

Das mag aber auch mit meinem Alter zu tun haben. Als Elke Heidenreich geboren wurde, war ich 23 Jahre alt und kannte schon viel Brecht und verhältnismäßig wenig Benn. Es ist eine alte Geschichte: für die Liebe und die Poesie ist man in jungen Jahren besonders empfänglich.

Der Leser aus Bad Honnef sei daran erinnert, daß das Verhältnis zur Kunst, zur Musik und natürlich auch zur Literatur immer individuell und in Grenzen subjektiv ist. Daher sollten die Freunde der Musik oder die Leser der Literatur untereinander unbedingt tolerant sein.

Läppisch ist es, darüber zu streiten, wer denn bedeutender sei, Mozart oder Beethoven. Man soll sich auch damit abfinden, daß es unsinnig wäre, Mörike gegen Eichendorff ausspielen zu wollen oder Eichendorff gegen Heine. Ebenso ist es erlaubt, Brecht mehr als Benn zu lieben – oder umgekehrt. Und schließlich: Es ist absolut belanglos, ob man große, geniale Komponisten oder Dichter etwas über- oder etwas unterschätzt. Wenn sie denn tatsächlich groß und genial sind.

*In der Gegenwart scheint eine einst geschätzte Kunstform leider (fast) ausgestorben zu sein – die Ballade. Haben Sie dafür eine Erklärung?*

Das Lamentieren hat kein Ende. Der einst berühmte Autor A. sei heute schon vergessen. Das Theaterstück B. werde nicht mehr gespielt. Den Roman C. könne man heute nur noch in Antiquariaten finden. Das Epos, einst so beliebt wie Goethes »Hermann und Dorothea«, sei offenbar längst gestorben. Und jetzt wird der angebliche Tod der Ballade beklagt. Erstens: Trifft das wirklich zu? Und wenn ja, ist das so unverständlich?

Die Ballade hatte ihren Höhepunkt im ausgehenden achtzehnten Jahrhundert – dank Schiller und Goethe. Allerdings fehlt es bei Schiller nicht an unfreiwillig komischen Balladen. Sein »Gang nach dem Eisenhammer« beginnt: »Ein frommer Knecht war Fridolin und in der Furcht des Herrn ergeben der Gebieterin«. In seinem »Ritter Toggenburg« gibt es eine einzigartige Schlußstrophe:

Und so saß er eine Leiche
Eines Morgens da,
Nach dem Fenster noch das bleiche
Stille Antlitz sah.

Die »Glocke« wurde von Anfang an verspottet, vor allem von den respektlosen Zeitgenossen Schillers, den bösen Romantikern. Aber an den »Ring des Polykrates« erinnere ich mich gern, die »Kraniche des Ibykus« bewundere und liebe ich nach wie vor. Wer weiß, ob es nicht die schönste deutsche Ballade überhaupt ist?

Eine Ballade, die herrlich und verlogen zugleich ist, hat Goethe geschrieben: »Der Sänger«. Der Künstler, der so wunderbar gesungen, wird mit einer goldenen Kette entlohnt, doch er lehnt sie ab. Er singe, antwortet er, »wie der Vogel singt, / der in den Zweigen wohnet, / das Lied, das aus der Kehle dringt, / ist Lohn, der reichlich lohnet«.

Goethe selber war in solchen Angelegenheiten ganz anderer Ansicht, ihm lag, wie viele seiner Briefe beweisen, an Geld sehr wohl. Der aufschlußreiche Briefwechsel mit seinem Verleger Cotta zeigt dies sehr deutlich. Die Künstler, die Schriftsteller, die Musiker und das Geld – ein großes, ein überraschendes Thema. Für sie alle bedeutet Geld Unabhängigkeit – und Unabhängigkeit ist für sie so wichtig, daß sie gelegentlich, wenn es ums Geld geht, irrational, ja unsinnig handeln.

Im neunzehnten Jahrhundert wurde die Ballade, zumal dank Uhland, Heine und Fontane, immer populärer – unter anderem vielleicht deshalb, weil sie sich für den Deutschunterricht in den Schulen schon des kleineren Umfangs wegen besser eignete als Romane oder Dramen.

Und wie war es im zwanzigsten Jahrhundert? Auf meinem Tisch liegen drei Anthologien. Die neueste (»Das Balladenbuch« von Frank T. Zumbach bei Artemis und Winkler, 2004) widmet den nach 1900 entstandenen Balladen über zweihundert Seiten. Wollte man sich auf eine etwas kleinliche Diskussion einlassen, ob es denn tatsächlich immer Balladen sind, würde man doch zugeben müssen, daß dies meistens der Fall ist.

Aus den neunziger Jahren stammen zwei Sammelbände: das von Rolf Köhlers herausgegebene Buch »Deutsche Balladen von Matthias Claudius bis Wolf Biermann« im Insel-Verlag, 1993, und »Deutsche Balladen«, herausgegeben von Hans Peter Treichler, im Manesse-Verlag, 1993. Hier finden sich Balladen von Else Lasker-Schüler, Brecht, Kästner, Marie Luise Kaschnitz, Grass, Enzensberger und anderen.

Die Ballade ist also weder ausgestorben noch wird sie vernachlässigt. Dennoch kann ich den Leser aus Hameln schon verstehen. Er meint wohl, daß die Ballade alten Stils – von Schiller bis Fontane – nicht mehr existiert. Das stimmt, und das ist nun einmal der Lauf der Zeit. Die Ballade wurde erneuert und modernisiert, sie geriet oft in die Nähe von Formen der Trivialliteratur – der Moritat etwa und des Bänkelsangs. Und das ist gut so. Doch sollten wir einige sehr schöne klassische Balladen nicht vergessen.

*Gibt es neuere russische Schriftsteller, die Sie zur Lektüre empfehlen?*

Ich erlaube mir, diese Frage auf die russische Literatur seit der Oktoberrevolution von 1917 zu beziehen – und dann zögere ich keinen Augenblick, einen Schriftsteller zu nennen, den ich liebe und bewundere und dessen Prosa man gelesen haben muß, wenn man die europäische Literatur des 20.

Jahrhunderts kennen will: Isaak Babel. Er wurde 1894 geboren, 1940 im Zuge der stalinistischen »Säuberungen« erschossen und erst 1957 rehabilitiert.
Babel schrieb viel und veröffentlichte wenig. Seine Meisterstücke umfassen nicht mehr als drei bis fünf Druckseiten. Freilich sind sie das Ergebnis eines ungeheuren Arbeitsaufwandes: Er war aus dem Geschlecht jener, die einen Wald fällen müssen, um ein Streichholz zu produzieren.
Für sein ganzes Werk sind polare Spannungen charakteristisch und scheinbar unvereinbare Elemente. Er konfrontiert die Zartheit mit der Brutalität und die Sanftmut mit der Grausamkeit. Der schwärmerischen Sehnsucht antwortet der blutige Terror, der Traum scheitert an der Realität. Doch die meisten Geschichten Babels spielen nicht in der zaristischen Zeit, sondern in der Sowjetunion der zwanziger Jahre. Damit ist schon die Sprengkraft seines Werks und die Tragödie seines Lebens angedeutet.
Indes war er zwar Kommunist, doch kein politischer Schriftsteller. Der Jude Babel kam aus der Welt der Tora und des Talmuds, aus dem elenden und auch exotischen Gettomilieu von Odessa. Aber sehr bald fand er Ideale außerhalb dieser Welt. Als die Bolschewiken siegten, war er dreiundzwanzig Jahre alt. In seinem Verhältnis zum Kommunismus dominierte das Emotionale und das Gläubige. Babel gehörte eher zu den Revolutionären als zu den Kommunisten.
In der sowjetischen Reiterarmee machte er 1920 den Feldzug gegen Polen mit. Damals wurde er sich endgültig über seine Position klar. Sollte es denn unmöglich sein, das Neue zu akzeptieren, ohne sich vom Alten zu trennen? Das ist seine zentrale Frage. Er sucht die Synthese von Vergangenheit und Gegenwart, von Tradition und Revolution, von Humanismus und Kommunismus. Eine seiner Schlüsselfiguren fragt: »We-

he uns, wo bleibt die süße Revolution?« Gemeint war damit nichts anderes als das, wofür man viele Jahre nach Babels Tod das Wort vom »menschlichen Sozialismus« geprägt hat. Die melancholische Schwärmerei und die Verbindung jüdischer Skepsis mit kommunistischer Gläubigkeit machen verständlich, daß man Babels Werk gern mit der Vokabel »romantisch« bezeichnete.

Was er auch schrieb – Geschichten, Reportagen oder dramatische Szenen, Tagebücher oder Erinnerungen –, immer entstanden poetische Aufnahmen, deren Optik so scharf wie außergewöhnlich ist. Es sind gestochene Skizzen. Hier ließe sich einwenden: Ein Stich kann schwerlich skizzenhaft sein und eine Skizze kaum wie gestochen wirken. Gewiß doch. Nur ist es gerade dieser Widerspruch, dem Babels Werk seine Qualität verdankt. Seine Prosa lebt von schroffen Stilbrüchen, die jedoch einen vollkommenen Stil ergeben. In nüchternen, protokollarisch kühlen Berichten tauchen unerwartet orientalische Vergleiche auf, untertreibende Sachlichkeit mischt sich mit übersteigender Poesie, auf feinsinnige Lyrismen folgen krude Naturalismen.

Sein Werk wird bleiben. Und bleiben wird die Geschichte vom Talmudschüler, der unter die Kosaken ging, vom Soldaten, der nicht gelernt hat, zu töten, vom Dichter, der nicht lügen wollte, die Geschichte vom Leben und Tod des Isaak Emmanuilowitsch Babel aus Odessa am Schwarzen Meer.

*Ich habe in meiner Jugend die Dichtungen Klabunds geliebt, aber seit vielen Jahren keines seiner Bücher in der Hand gehabt. Sind sie immer noch liebenswert?*

Ich habe für die Leserin, die sich fürchtet, zu Klabund zurückzukehren, viel Verständnis. Auch mir ergeht es mit manchen Autoren, die mir einst allerlei bedeutet haben, ähnlich. Was hier im Spiele ist, dürfte nichts anderes sein als jene Scheu, die uns zögern läßt, einen Blick in die Liebesbriefe zu werfen, die wir vor Jahrzehnten erhalten oder gar selber geschrieben haben. Man fürchtet die Konfrontation mit der eigenen Jugend und das Risiko, auf etwas verzichten zu müssen, was wir nicht ganz entbehren wollen – die sentimentalen Erinnerungen, die unser aller Leben erleichtern.

Klabunds Dichtungen wurden in der Weimarer Republik mehr gelesen und gesungen als besprochen, mehr rezitiert als analysiert. Aber die dünnen Bände, in denen sie gesammelt waren, gehörten zu den bevorzugten Geschenken einer ganzen Generation von Verliebten. Sein Naturell war vor allem durch ein Faktum bedingt. Schon der Sechzehnjährige (er wurde 1890 geboren) litt an schwerer Tuberkulose und wußte, daß er unheilbar war. So hatte er wenig Zeit und noch weniger Geduld, seine Umwelt zu erkunden und sein Werk reifen zu lassen.

Im Schatten des Todes suchte er eilig und eifrig, gierig und neugierig das Leben. Die Schranken, die die Krankheit ihm auferlegte, steigerten seine Sehnsucht nach absoluter Freiheit. Gefesselt träumte er von vollständiger Entfesselung. Ein Gehetzter, ein Taumelnder und Verlorener, ließ er seinen Weg von poetischer Phantasie bestimmen und seine Poesie von der Fülle des Daseins.

Als Klabund 1928 (er war 37 Jahre alt) aufhörte zu sterben,

war er Autor von siebzehn Lyriksammlungen, zehn Romanen und acht Theaterstücken. Er konnte alles, was er wollte – von der Idylle bis zur Parodie, von der feierlichen Ode bis zum schnoddrigen Song, vom historischen Roman bis zur Boulevardkomödie. Auf übermütige Heiterkeit folgt in seinen Werken düstere Trauer, Läppisches und Hochbeachtliches finden sich hart nebeneinander. Sein künstlerisches Temperament trat über alle Ufer, er hatte weder Kraft noch Lust, es einzudämmen. Er dachte nicht daran, mit seinem Pfunde zu wuchern.

Klabunds Romane, die meist historische Gestalten und dekorative Milieus behandeln – die Borgias, Peter den Großen oder Rasputin –, sind grandiose, aber kaum verwirklichte Entwürfe eines Dichters, der Mühe hatte, sich der auf ihn einstürmenden Themen zu erwehren. Heute gleichen diese Romane erloschenen Vulkanen.

Nicht vergessen ist hingegen seine Lyrik. Klabunds Lebensüberdruß und seine Klage über die Vergänglichkeit erweisen sich als auffallend sangbar. Der harten Nüchternheit gewann er einen weichen und milden Klang ab. Ironisch und sarkastisch gab er sich – und doch schwärmte er für das runde und artige Volkslied. Er kam smart daher – und verpönte nicht das Wehmütige. Am sichersten fand Klabund seinen eigenen Ton in Couplets, in Chansons und Bänkelliedern, die er meist für das Kabarett geschrieben hat.

Hier gelingt ihm wie von selbst die Verbindung des Schwermütigen mit dem Flotten und des Graziösen mit dem Kessen. Viele dieser Gedichte sind für die Berliner zwanziger Jahre charakteristisch – wie das berühmte Liedchen mit dem Refrain »Und ich baumle mit de Beene, / Mit de Beene vor mich hin«. Solche und ähnliche Verse lassen uns immer noch jenes Klima und Aroma spüren, das sie einst wiedergaben

und auch mit schufen. Solche Marginalien sind es, die Klabund nicht selten in die Nähe Erich Kästners und Bertolt Brechts rücken.
Aber machen wir uns nichts vor: Heute ist er nur noch eine literarhistorische Erscheinung, eine reizvolle freilich und nicht unwichtige. Seit dem Tod Klabunds sind immerhin beinahe achtzig Jahre vergangen. Übrigens: Sein Werk ist in verschiedenen Ausgaben erhältlich. Besonders hat sich um ihn Matthias Wegner verdient gemacht, dem wir ein schönes Klabund-Lesebuch (»Wo andre gehn, da muß ich fliegen …«) verdanken.

*Wie stehen Sie zum Werk von Alfred Andersch? Hat es eine wichtige Rolle in Ihrem Leben gespielt?*

Diese Frage erinnert mich an eines der großen literarischen Ereignisse der Nachkriegszeit und zugleich an eine der bitteren literarischen Enttäuschungen meiner Generation. Das Ereignis heißt »Sansibar oder Der letzte Grund«, die Enttäuschung bereitete uns der Mann, dessen wir, schon weil er dieses eine Buch geschrieben hat, in Ehren gedenken sollten: Alfred Andersch.
Damals in den fünfziger Jahren, als die meisten deutschen Schriftsteller dem Vorbild Kafkas folgten oder Hemingway imitierten (und beide ließen sich erstaunlich leicht nachahmen), war Andersch einen eigenen Weg gegangen: an die Tradition anknüpfend und andererseits allerlei Errungenschaften der Moderne verwertend, hatte er in dem choreographisch entworfenen, dem virtuos, vielleicht sogar allzu virtuos komponierten Roman »Sansibar« für zentrale Fragen einen originellen und prägnanten, einen sinnlichen, kurz: einen künstlerischen Ausdruck gefunden.

Und die Enttäuschung? Der Autor dieses wichtigen Buches aus dem Jahre 1957 wandte sich wenig später mit seinem Roman »Die Rote« (1960), der affektierten Geschichte einer Dolmetscherin, die mit dem Wirtschaftswunder-Deutschland nichts zu tun haben will, der wahrlich fragwürdigen Unterhaltungsliteratur zu, um nicht schlicht zu sagen: dem Kitsch. Sein nächster Roman (»Efraim«, 1967), der von einem nach England emigrierten deutschen Journalisten erzählt, fällt durch eine nicht eben sympathische Mischung auf: Sentimentalität und aufdringliche Gewissensbisse, der Mief der Provinz und der Duft der großen weiten Welt, Sex und Auschwitz.

Auch der Roman »Winterspelt« (1974) hat, obwohl etwas seriöser, Kritik und Leser enttäuscht. Kurz und gut: Andersch hat nie wieder etwas geschrieben, das sich mit »Sansibar« vergleichen ließe.

Dem oberflächlichen Eindruck zum Trotz hat Andersch in dem Roman (»Sansibar« spielt sich kurz vor dem Zweiten Weltkrieg in einem kleinen Ort an der mecklenburgischen Küste ab) weder mit dem Nationalsozialismus abgerechnet, noch wollte er die Verhältnisse im »Dritten Reich« darstellen. Nicht als konkreten politischen Faktor behandelte er den Nationalsozialismus, vielmehr als Sinnbild der Tyrannei. Das »Dritte Reich« bietet hier die extremen Situationen, die Anderschs Gestalten in Konflikte geraten lassen, die immer wieder auf die letzten Fragen hinauslaufen. Es dominiert nicht die gesellschaftskritische, sondern die philosophische Absicht, im Vordergrund steht nicht das Politische, sondern das Moralische – auch wenn das eine mit dem anderen eng zusammenhängt.

Aber »Sansibar« ist kein Thesenroman. Es ist vielmehr eine poetische Parabel von der Willensfreiheit, von der Fähigkeit

des Menschen, zu wählen und zu entscheiden. Daher verlegt Andersch die Handlung so oft wie möglich in das Bewußtsein seiner Figuren.
Er registriert vor allem ihre Gedanken und Empfindungen, ihre Ängste und Regungen. Der junge kommunistische Funktionär, der »aussteigen« möchte, der evangelische Geistliche, der ein gefährdetes Kunstwerk zu retten entschlossen ist, die Jüdin, die ins Ausland fliehen muß, der geradlinige und derbe Fischer und sein Gehilfe, der sich nach dem Unbekannten und dem Abenteuer sehnt, das er Sansibar nennt – sie alle sind betont introvertierte Typen.
Als »Sansibar« erschien, war Andersch schon ein berühmter und höchst umstrittener Mann. Denn er war im Juni 1944 mutig genug gewesen, um aus der Wehrmacht zu desertieren; und er tat 1952, was damals, in der jungen Bundesrepublik, nicht üblich, ja außergewöhnlich war: Er bekannte sich in aller Öffentlichkeit zu seiner Desertion – in dem Bericht »Kirschen der Freiheit«.
Man muß wissen, daß die meisten Schriftsteller, die aus der Wehrmacht ausgerückt waren und bei einer der feindlichen Armeen Schutz suchten, es jahrelang konsequent vermieden haben, diesen doch höchst wichtigen biographischen Umstand in ihren Lebensläufen und sonstigen Äußerungen zu erwähnen – sie wußten, warum. Das ist der Hintergrund, vor dem Anderschs Lebensbericht ein bedeutendes Zeitdokument ist.
In seiner Jugend war Andersch, geboren 1914, Kommunist. Im März 1933 wurde er in das Konzentrationslager Dachau eingeliefert, später entlassen und wieder verhaftet. Dann brach er endgültig mit dem Kommunismus. Die Partei war seine Heimat gewesen, nun wurde er ein Einzelgänger, ein Außenseiter, ein Ausgestoßener. Der Gedankenwelt seiner

Jugend entstammen in Anderschs Büchern der romantische Aufruhr mit der Sucht nach dem Absoluten, die Vorliebe für das Extreme und der gesellschaftskritische Radikalismus.

Man sollte den Autor des Romans »Sansibar«, der 1980 gestorben ist, nicht vergessen.

*Was kann und was soll ich tun, damit ich zeitgenössische Lyrik ohne fremde Interpretationshilfe verstehen und genießen kann?*

Das Verstehen und Genießen von Gedichten lernt man in der Schule, im Deutschunterricht. Freilich gibt es in der Schule auch viele andere Fächer, die ebenfalls berücksichtigt werden müssen. Für das Fach Deutsch bleibt in der Regel viel zuwenig Zeit, nur vermute ich, daß die Physiklehrer und die Chemiker ähnlich klagen. Und wie es gute und schlechte Mathematiklehrer gibt, so gibt es auch gute und schlechte Deutschlehrer.

Nach dem Abitur sollte ein Schüler imstande sein, ein nicht besonders schweres Gedicht von, sagen wir, Mörike oder Eichendorff eben zu verstehen und zu genießen. Leider ist das nicht oft der Fall. Aber die Situation derer, denen das selbständige Lesen von Gedichten nicht beigebracht wurde, ist noch nicht hoffnungslos.

Seit 1974 wird in der Frankfurter Allgemeinen Zeitung in der Samstag-Ausgabe ein deutsches Gedicht gedruckt, ein altes oder ein neues, ein berühmtes oder unbekanntes, ein schlichtes oder kompliziertes. Das Gedicht wird in dieser Rubrik, der »Frankfurter Anthologie«, sogleich erklärt – von einem Schriftsteller, einem Kritiker, einem Germanisten,

einem Literaturhistoriker. Was der Kommentator zu sagen hat, ist nicht unbedingt verbindlich. Oft ist es eher ein Vorschlag, oft wird also nicht gezeigt, wie man das Gedicht verstehen muß, sondern eher wie man es verstehen kann.
Jeweils fünfzig dieser sehr unterschiedlichen Gedichte aus allen Epochen von Walther von der Vogelweide bis heute sind dann auch in Buchausgaben (Insel-Verlag) zu haben. Insgesamt wurden in dieser »Anthologie« bisher über 1600 Gedichte interpretiert, von den Buchausgaben gibt es schon 27 Bände. Zu den Aufgaben der »Frankfurter Anthologie« gehört es, jenen zu helfen, denen Gedichte, zumal zeitgenössische, große Schwierigkeiten bereiten.

*Warum werden auf deutschen Bühnen keine Gerhart-Hauptmann-Stücke mehr gespielt? Bedauern Sie das?*

Ich bedauere vor allem, daß mir immer wieder Fragen gestellt werden, die von falschen Voraussetzungen ausgehen. Es ist einfach nicht wahr, daß Hauptmann nicht mehr gespielt wird. Er hat viele, sehr viele Stücke geschrieben, die meisten sind – und keineswegs zu Unrecht – in Vergessenheit geraten. Schließlich war seine große Zeit etwa um 1910 beendet.
Von den zahlreichen Stücken, die er nach dem Ersten Weltkrieg meist ziemlich rasch verfaßt, bisweilen, zumindest teilweise, diktiert hat, vermochte, wenn ich mich nicht ganz irre, nur ein einziges die Zeit gut zu überstehen: »Vor Sonnenuntergang« aus dem Jahre 1928. Es ist die Geschichte eines siebzigjährigen Geheimrats, der sich in ein junges Mädchen verliebt, das er zum Entsetzen seiner Familie heiraten will. Die Hauptrolle, die von den großen Schauspielern des vorigen Jahrhunderts, Werner Krauss, Emil Jannings, Ernst Deutsch

und einigen anderen, gern und oft (und meist fabelhaft) gespielt wurde, ist noch heute sehr begehrt.
Auch einige andere Stücke Hauptmanns hat man, obwohl sie vor mehr als hundert Jahren geschrieben wurden, in letzter Zeit auf verschiedenen Bühnen in Deutschland und in Österreich aufgeführt. Allein im Wiener Burgtheater gab man sowohl »Vor Sonnenuntergang« als auch das viel frühere Stück »Vor Sonnenaufgang« (1889). In Dresden standen jetzt »Die Weber« auf dem Spielplan, in Berlin unlängst »Michael Kramer«.
Hauptmanns Rolle in der Geschichte des deutschen Dramas ist unbestritten. Aber es ist nicht die Aufgabe des Theaters, auch das künstlich am Leben zu erhalten, was längst verblaßt oder abgestorben ist – wie beispielsweise auch einige Dramen des doch nicht unbegabten und nach wie vor geschätzten Autors Johann Wolfgang von Goethe.

*Warum schreiben Schriftsteller immer über Schriftsteller? Finden Sie das auch mitunter etwas langweilig?*

Schriftsteller schreiben keineswegs immer über Schriftsteller, sondern über die Liebe, die Treue und den Verrat, über Ehrgeiz und Machtgier, über die Vergänglichkeit und über die Angst vor dem Tod. Richtig aber ist, daß sie diese zentralen Motive der Literatur oft am Beispiel von Künstlern und Schriftstellern zeigen (Balzacs »Verlorene Illusionen«, Prousts »Auf der Suche nach der verlorenen Zeit«, Thomas Manns »Doktor Faustus«).
Den in den fünfziger und sechziger Jahren angesehenen Erzähler Hans Erich Nossack (er starb 1977) fragte man, warum er in seinem erfolgreichsten Roman (»Spätestens im No-

vember«) einen Schriftsteller zum Helden gemacht habe. Er habe, sagte Nossack, einen Gegentyp zum bürgerlichen Menschen gebraucht. Zunächst habe er an einen Forscher gedacht, einen Abenteurer oder Spieler, dann habe er einen Geistlichen oder einen Künstler erwogen und von Künstlern wieder nur einen Schriftsteller. Denn: Ein Schriftsteller sei ja sowieso Forscher, Abenteurer und Spieler in einem. Ferner: Schriftsteller wissen am besten doch über Schriftsteller Bescheid.

Die meisten Romane sind mehr oder weniger offen oder insgeheim autobiographisch – vom »Simplicius Simplicissimus« über den »Werther« und den »Stechlin« bis zur »Blechtrommel«. Natürlich kann man auch Romane über Steuerberater, Hebammen oder Zahnärzte schreiben, aber ich will offen sagen, daß mich in der Literatur am meisten doch die Intellektuellen interessieren, der Faust beispielsweise oder der Hamlet. Und Generäle? Ja, wenn es denkende Individuen sind wie Wallenstein oder der Prinz von Homburg.

*Was halten Sie von Knut Hamsun, der viele gute Romane geschrieben hat und in den dreißiger Jahren der unseligen Partei Quislings beigetreten ist?*

Er war ein Genie. Was immer über und gegen ihn zu sagen ist, wie immer man ihn verurteilen oder gar verdammen mag – es bleibt dabei: Der Norweger Knut Hamsun war einer der bedeutendsten europäischen Schriftsteller des zwanzigsten Jahrhunderts, er war ein Genie.

Geboren wurde er 1859 als Sohn eines armen Handwerkers und starb 1952, nachdem er in der ganzen Welt jahrzehntelang bewundert und geliebt worden war, als ein von Millionen, zumal von seinen Landsleuten, verachteter Mensch.

Schon Hamsuns erster Roman, »Hunger« (1890), machte ihn weltberühmt, auch seine nächsten Bücher (zumal »Mysterien«, »Pan«, »Viktoria« und der 1920 mit dem Nobelpreis ausgezeichnete Roman »Segen der Erde«, ferner »Landstreicher« und »August Weltumsegler«) fanden überall zahllose dankbare und begeisterte Leser. Er war der Abgott einer ganzen Generation. Hamsun sei der einzige Mensch – schrieb 1930 Tucholsky –, »vor dem ich den Hut herunterrisse, wenn ich ihn je sähe«.

Im Mittelpunkt seiner Romane stehen Träumer, Abenteurer und Vagabunden, Einzelgänger und Außenseiter. Sie alle mißbilligen und verachten – wie der Autor – die moderne Zivilisation und jegliche Autorität, sie alle lieben die Natur und meist die Einsamkeit. Hamsuns Lebensauffassung ist antibürgerlich und romantisch, seine Prosa lyrisch und, besonders in seinem Frühwerk, impressionistisch. Seine Sprache ist allen Stimmungen gewachsen und allen sinnlichen Eindrücken. Diese poetischen Werke, diese Mythen und Mysterien, die von Millionen als modern und zeitgemäß empfunden wurden, wollen mit Politik nichts zu tun haben, wollen von Politik nichts wissen. Mit der apolitischen Mentalität und Weltsicht Hamsuns mag die große Katastrophe in seinem Alter zusammenhängen. Er war immer schon ein Freund der Deutschen gewesen, er blieb es auch nach 1933.

Das konnte niemanden verblüffen, nur wurden sehr bald zur Bestürzung vieler seiner Anhänger Hamsuns Sympathien für den Nationalsozialismus erschreckend deutlich. Als 1940 die Wehrmacht Norwegen besetzte, erließ er einen Aufruf an seine Landsleute zugunsten der Okkupationsmacht und veröffentlichte eine Anzahl von Artikeln in den Zeitungen der Quisling-Partei, die mit den deutschen Besatzern zusammenarbeitete. Das norwegische Volk wandte sich mit Entsetzen von seinem größten Schriftsteller ab. Unzählige Menschen begaben sich zu Hamsuns Wohnsitz und warfen Tausende Exemplare seiner Werke über die Mauer, die dieses Haus umgab. Es war ein Schauspiel, das die Weltliteratur noch nie gekannt hat. 1945 wurde der mittlerweile 86 Jahre alte Hamsun verhaftet und als Landesverräter zu einer hohen Geldstrafe verurteilt.

Warum hat Hamsun sein Vaterland verraten und seinen Lesern auf der ganzen Erde eine bittere, eine furchtbare Enttäuschung bereitet? Vielleicht läßt sich diese Frage so beantworten: Er hat sich von seiner Jugend an eine eigene, eine unverwechselbare Welt erschaffen, die, als er älter wurde, ihre Berührungspunkte mit der Realität immer mehr einbüßte. Bis zu seinem Tod hat er in dieser eigenen Welt gelebt – im Guten und Schönen, im Bösen und Schrecklichen.

*Die Klasse unseres Enkelsohns im Sophie-Charlotte-Gymnasium, Berlin, las im Deutschunterricht Patrick Süskinds »Das Parfum«. Die Schüler waren begeistert. Die kluge Lehrerin setzte dann die Lektüren mit anspruchsvollen Büchern erfolgreich fort. In unserem Bekanntenkreis brach aber ein Entrüstungssturm los: »Das Parfum« sei eine viel zu grausame Lektüre für junge Leute. Teilen Sie diese Meinung?*

Das alles gefällt mir sehr gut: Der Roman von Süskind, die Lehrerin, die sich für dieses Buch entschieden hat, und die Schüler, die das »Parfum« offensichtlich richtig und gut verstanden haben. Hingegen habe ich für die protestierenden Bekannten überhaupt kein Verständnis. Wollen sie die Jugendlichen vor der Grausamkeit bewahren, dann müssen sie mit unserem Fernsehen anfangen: Es bietet in seinen Programmen immer wieder – und auch sehr anschaulich – die schrecklichsten Grausamkeiten.

Ferner müßte man unbedingt einen großen Teil der Weltliteratur untersagen, zunächst die griechischen Tragödien. Gibt es ein grausameres Drama als »König Lear«? Sind Grimms Märchen, die von deutschen Eltern doch so gern ihren Kindern vorgelesen werden, denn frei von Grausamkeit? Soll etwa die Literatur über die Zeit des »Dritten Reichs« aus den Schulen verbannt werden, weil in diesen Büchern von unmenschlichen Grausamkeiten erzählt wird und erzählt werden muß?

Süskind ist ein deutscher Schriftsteller, der des Deutschen wirklich mächtig ist, ein zeitgenössischer Erzähler, der tatsächlich erzählen kann. Seine Sätze sind niemals schwerfällig, sein Stil ist geschmeidig und anmutig und zugleich durchsichtig. Der verführerische Wohlklang seiner Prosa geht nicht auf Kosten der Deutlichkeit des Ausdrucks.

»Das Parfum« spielt vor allem im Paris des achtzehnten Jahrhunderts, im Mittelpunkt der gleichnishaften Geschichte steht ein abstoßend häßliches Individuum, das die Menschen betören und betäuben möchte. Sie sollen ihn »lieben bis zum Wahnsinn, bis zur Selbstaufgabe«, sie sollen schreien und weinen vor Wonne, ohne zu wissen, warum. Er begeht allerlei Verbrechen, er tötet unschuldige Mädchen. Schließlich wird er gefaßt und zum Tode verurteilt.

Doch als er auf dem überfüllten Hinrichtungsplatz erscheint, da geschieht ein Wunder: Die geplante Hinrichtung artet zu einem gewaltigen Bacchanal aus. Dem Autor Süskind ist gegen Ende des Romans eine Apotheose von mythologischem Rang gelungen, eine grandiose Darstellung des Massenwahns, der Verführbarkeit der Menschen; genauer:

der kaum zu begreifenden Wirkung eines widerlichen und verabscheuungswürdigen Verbrechers auf ein zivilisiertes Volk inmitten Europas.
Muß man sagen, welches Ungeheuer Patrick Süskind meint, auf welches Volk sein Gleichnis vor allem abzielt? Jedenfalls ist es gut und erfreulich, daß in einer Berliner Schule dieser ungewöhnliche Roman abgehandelt wird. Der Lehrerin gilt unser respektvoll-freundlicher Gruß.

*Vor rund vierzig Jahren haben Sie Sport und Literatur als »feindliche Brüder« charakterisiert, die sich gegenseitig auf Grund ihrer Ähnlichkeit ausschließen. Hat sich Ihr Verhältnis zum Thema »Sport und Literatur« inzwischen geändert, zumal ein Jahr vor der Fußball-Weltmeisterschaft in Deutschland?*

Der Sportwettkampf ist eine Volksbelustigung, die man sich aus dem Leben unserer Epoche nicht mehr wegdenken kann. Und diese Volksbelustigung ist zugleich eine einzigartige Passion, die Menschen, die nichts miteinander gemein haben, doch für die Dauer eines Fußballspiels, eines Boxkampfes oder eines Fünftausendmeterlaufs zu fast identisch reagierenden Gemeinschaften werden läßt. Hier sind sich plötzlich alle einig: der Greis und der Jugendliche, der Universitätsprofessor und der Analphabet, der Regierungschef und der Portier, der Steinreiche und der Bettelarme.
Für eine Weile vergessen sie alle ihre Sorgen, sie lassen sich betäuben, berauschen, verzaubern. Sie fiebern nur noch mit dem Mann, der verzweifelt die Aschenbahn umkreist, sie leiden und triumphieren mit ihrem Helden im Ring, sie sind beglückt, wenn es der Mannschaft, der sie den Sieg wün-

schen, gelingt, den Ball durch jenes Rechteck zu befördern, das wie ein Tor aussieht.

Millionen, ja Milliarden werden vom Sport hingerissen. Nur nicht die Literatur. Sie läßt dieses Phänomen links liegen. Sie zeigt ihm die kalte Schulter. Sie kümmert sich um den Sport gar nicht oder nur am Rande. Gewiß haben Schriftsteller bisweilen über den Sport geschrieben. Und oft ist es ihnen gelungen, wichtigen Sportereignissen gerecht zu werden – in Berichten und Impressionen, in Reportagen. Doch nicht darum geht es hier, sondern um Sport als Thema von Romanen und Erzählungen, von Dramen.

Gibt es denn solche Werke nicht? Wenn man lange sucht, kann man schon etwas finden. Sportmotive kommen in manchen Büchern angelsächsischer Autoren vor, bei Bernard Shaw etwa, bei Jack London und Hemingway, gelegentlich bei Franzosen wie Cocteau oder Montherlant – und schließlich bei manchen, sehr wenigen deutschen Schriftstellern wie Siegfried Lenz oder Uwe Johnson.

Natürlich ließen sich in der Weltliteratur noch einige Beispiele finden, zumal wenn wir an Fliegen, Reiten und Fechten denken. Apropos Fechten: Bei Shakespeare spielt das Fechten eine wichtige Rolle, im »Hamlet«, in »Romeo und Julia« und in vielen weiteren seiner Stücke. Aber Shakespeare wäre doch nicht auf die Idee gekommen, ein Drama über das Fechten zu schreiben. Kurz und gut: Der Sport, der in unserer Epoche eine wachsende, eine geradezu gigantische Rolle spielt, ist in der Literatur kaum existent – obwohl doch jeder Sportwettkampf von Dramatik strotzt. Obwohl? Nein: weil.

Der Sport und die Literatur sind nahe Verwandte. Sie ähneln sich zu sehr, um sich aufrichtig lieben zu können. Vielmehr wetteifern sie miteinander – und insgeheim bekämpfen sie sich. Im Grunde sind es feindliche Brüder. Denn die Literatur und der Sport appellieren auf verschiedenen Ebenen und mit unterschiedlichen Mitteln an dieselben fundamentalen Gefühle. Ehrgeiz, Leidenschaft, Ruhmsucht, Neid, Eitelkeit – diese Motive, mit denen sich die Literatur seit Jahrtausenden befaßt, dominieren in allen Sportarten, nur sind sie hier ungleich einfacher, primitiver, direkter, oberflächlicher, brutaler.

Was die Literatur dem Leser zu bieten hat, oder zumindest bieten möchte, kann er im Stadion finden – ohne Verschlüsselung, ohne Intellekt, ganz und gar unkompliziert. Kein Drama ist so übersichtlich wie ein Fußballspiel. Nichts zeigt die Brutalität des Lebens deutlicher als ein Boxkampf. Ist nicht ein Langstreckenlauf zugleich ein Gleichnis vom Kampf ums Dasein? Wo ließe sich die Vergänglichkeit des Ruhms besser beobachten als in der Arena? Was soll da noch der Schriftsteller?

Nun, er soll berichten. Dies indes ist Sache nicht der Literatur, nicht der Schriftsteller, sondern der Journalisten. Das Erlebnis, dessen der Sportzuschauer teilhaftig wird, macht also für Millionen die Kunst entbehrlich. In diesem Sinne ist Sport – man erschrecke nicht – Kunstersatz. Literatur und Sport – es sind, wie gesagt, feindliche Brüder.

*Sie haben in Ihrer letzten Sonntagsantwort geschrieben, der Bericht von Sportereignissen sei nicht Sache der Literatur, nicht der Schriftsteller, sondern der Journalisten. Was ist der Unterschied zwischen Literatur und Journalismus?*

Ganz sicher ist der Publikationsort nicht ein Kriterium dieses Unterschieds, denn Literatur wird oft genug in Zeitungen veröffentlicht und journalistische Arbeiten zwischen zwei Leinendeckeln.
Auch ist der Unterschied zwischen Literatur und Journalismus nicht im Thema zu finden. Wenn ein Mann ein Mädchen verführt und dann geschwängert hat, wenn das Mädchen das Kind geboren und dann umgebracht hat und nun im Kerker sitzt, kann man daraus einen Artikel für den Lokalteil einer Tageszeitung schreiben oder auch eine Kurzgeschichte oder eine Tragödie, vielleicht mit dem Namen des Missetäters, der alles verschuldet hat, als Titel.
Letztlich ist es auch nicht unbedingt die Qualität der Sprache, die die beiden Gebiete unterscheidet. Es gibt fabelhaft geschriebene journalistische Beiträge und schlecht geschriebene literarische Arbeiten. Wo ist also der Unterschied? Um es knapp zu formulieren: Die Literatur ist auf einen doppelten Boden angewiesen, der Journalismus hingegen soll sich um diesen Boden überhaupt nicht bemühen, er darf ihn nicht haben.
Was ist denn das – ein doppelter Boden? Der wurde, glaube ich, von Schmugglern erfunden: Sie haben Koffer präpariert, die geeignet waren, verbotene Ware von einem Land ins andere zu schmuggeln. Der Zollbeamte öffnet einen solchen Koffer und sieht sofort, daß sein Inhalt harmlos ist. Doch kann er, wenn er schlau ist, den Boden des Koffers anheben, und dann stellt sich heraus, daß da noch ein zweiter Boden

ist. Im Raum zwischen den beiden Böden ist verborgen, was geschmuggelt werden soll – vielleicht Drogen, vielleicht Brillanten.

Literatur besteht darin – hat jemand irgendwann behauptet –, daß man etwas sagt und etwas anderes meint. Besser wäre es: daß man mehr meint, als man ausgedrückt hat. Das ist sehr primitiv, aber ganz falsch ist es nicht. Worauf der doppelte Boden abzielt, das wird üblicherweise anders genannt: Man spricht von der Zeichenhaftigkeit der Literatur. Oder auch: Der literarische Text weist über sich hinaus.

Warum aber ist der zweite Boden, der im Koffer die Schicht verbirgt, auf die es ankommt, in der Journalistik unzulässig? Der Journalist hat etwas mitzuteilen, zu berichten, zu erklären. Er will, daß man seine Zeilen genau liest. Das will der Erzähler, der Dichter ebenfalls. Aber er will, daß man sich auch Gedanken darüber macht, was zwischen seinen Zeilen nur angedeutet oder verborgen ist. Ohne ein Beispiel kommen wir nicht weiter. Aber da alle jetzt von Schiller reden, wählen wir hier Goethe.

Blumen sind in Goethes Versen nicht unbedingt reale Pflanzen, es sind vielmehr, jedenfalls sehr häufig, Zeichen und Symbole. Zeichen wofür? Sie beziehen sich stets auf die Frauen und auf die Liebe. Das aber ist bei Goethe so gut wie immer ein und dasselbe Thema.

»Sah ein Knab ein Röslein stehn, / Röslein auf der Heiden«. Dieses Röslein, das »so jung und morgenschön« lockt, ist (natürlich) ein Mädchen. Nur geht es hier nicht um die Liebe, sondern um bare Sexualität. Ein wilder Knabe will das Röslein brechen. Es wehrt sich, es will sich dem Zugriff entziehen. Aber »half ihr doch kein Weh und Ach, / Mußt es eben leiden«. Das so beliebte und geschätzte Lied ist ein Gedicht über die Vergewaltigung.

In dem berühmten »Ich ging im Walde/so für mich hin« wird ein Blümlein »mit allen den Würzlein« ausgegraben und zu Hause wieder eingepflanzt: »Nun zweigt es immer/ Und blüht so fort«. Gemeint ist wieder eine Frau, diesmal Christiane Vulpius, die Goethe wie jenes im Wald gefundene Blümlein in sein Haus genommen und erst Jahre später geheiratet hat.

Töricht wäre es, die Literatur gegen den Journalismus auszuspielen oder umgekehrt. Zeitungen mögen nützlicher und nötiger als Romane und Gedichte sein. Ohnehin lesen die meisten Menschen keine Romane und keine Gedichte. Ich will niemanden überreden, dies zu tun. Man kann ohne Literatur leben. Aber das Leben mit Literatur ist ungleich schöner und auch reicher. Und dies eben dank jener Elemente, die wir zwischen den Zeilen finden. Bisweilen finden wir da uns selber, unser Glück und unser Leiden.

*Was unterscheidet die Produktion von »Nur-Schriftstellern« von solchen mit einem anderen – hauptsächlich oder nebenher – ausgeübten Beruf?*

Thomas Mann und Rilke hatten keinen bürgerlichen Beruf, gleichwohl ist es ihnen gelungen, als Schriftsteller durchaus Ordentliches zu leisten. Goethe, Heine und Kafka waren Juristen, aber ich glaube nicht, daß ohne deren Juristerei der »Faust« oder das »Buch der Lieder« anders oder gar schlechter geraten wäre. Und wie ist es mit Kafkas Werk, etwa mit seinem bedeutendsten Roman »Der Process«? Da wird die Sache gleich komplizierter, da können wir viel vermuten und beinahe nichts beweisen.

Wie dem auch sei: Ich war immer der Ansicht und bin es

nach wie vor, daß es für die Literatur gut ist, wenn die Schriftsteller möglichst viele Erfahrungen sammeln. Bevor sie fragen und forschen, was die Welt im Innersten zusammenhält, sollten sie doch, bitte sehr, erst einmal die Welt kennenlernen. Die Ausübung eines vernünftigen Berufs kann dabei sehr nützlich sein. So behauptete der Engländer Somerset Maugham: »Ich kenn' keine bessere Schulung für den Schriftsteller, als einige Jahre den Beruf eines Arztes auszuüben.« In der Tat haben sich gerade Mediziner um die deutsche Literatur verdient gemacht. Sie haben viel voneinander profitiert – die Medizin von der Literatur und die Literatur von der Medizin.

Arthur Schnitzler war rund zehn Jahre als Arzt tätig, bevor er sich ganz und gar der Literatur widmete. Ein großer Teil seines Werks steht unter dem Einfluß seiner medizinischen Einsichten und Erfahrungen. Schnitzlers erste größere Arbeit, die Novelle »Sterben«, 1894, ist eine Studie der Persönlichkeitsveränderung im Bild eines an der Tuberkulose unheilbar erkrankten Mannes und seiner Geliebten. In der Novelle »Leutnant Gustl« zeichnet Schnitzler ein psychologisches Porträt. Es bietet eine vernichtende Kritik der Gesellschaft, zu deren Produkten ihr fragwürdiger Held Gustl gehört. Das vielleicht bedeutendste Bühnenwerk Schnitzlers, der »Professor Bernhardi«, spielt ausschließlich im medizinischen Milieu. Ein leidenschaftlicher Arzt war Döblin. Ähnlich wie Schnitzler publizierte auch er zunächst medizinische Arbeiten, vorwiegend aus dem Bereich der Psychiatrie und der Neurologie. In seiner Epik zeigte er sowohl die Voraussetzungen als auch die Symptome eines schizophrenen Schubes. Döblins tägliche Erlebnisse als Armenarzt lieferten ihm den Stoff für sein Meisterwerk, den Roman »Berlin Alexanderplatz« (1929).

Aber die Medizin hat nicht nur die Ausdrucksmittel der Prosa revolutioniert (zumal mit dem »Leutnant Gustl« und »Berlin Alexanderplatz«), sondern auch die Lyrik – und dies ist vor allem das Werk eines Mannes, der vierzig Jahre lang als Facharzt für Haut- und Geschlechtskrankheiten tätig war: Gottfried Benns.

Noch unlängst hatten die Dichter den Himmel und die Erde beschworen, und sie betteten die Liebenden und die Leidenden unter schönen Wolken und auf grünen Wiesen, noch unlängst besangen sie den totgesagten Park, den Sommer, der sehr groß war, und den Frühlingswind, der durch kahle Alleen läuft. Davon wollte der junge Benn nichts wissen. Schon in seiner frühen, vor dem Ersten Weltkrieg entstandenen Lyrik dominieren Verfall und Verwesung, ihren düsteren Hintergrund bilden eine Krebsbaracke, ein Leichenschauhaus und ein Sektionssaal.

Ohne Schnitzler, Döblin und Benn läßt sich die moderne deutsche Literatur überhaupt nicht mehr denken. Schopenhauer sagte, der Jurist sehe den Menschen in seiner ganzen Schlechtigkeit, der Theologe in seiner ganzen Dummheit und der Arzt in seiner ganzen Schwäche. Gerade dies hat der Arzt mit dem Schriftsteller gemein.

Natürlich, der Arzt und der Schriftsteller – sie haben unterschiedliche Aufgaben und Möglichkeiten. Doch die einen wie die anderen sind Fachleute für menschliche Leiden. Der Arzt und der Schriftsteller – sie rebellieren gegen die Vergänglichkeit.

*Wie ließe sich das Werk des jüngst verstorbenen amerikanischen Romanciers Saul Bellow charakterisieren?*

Bellow, der schon seit vielen Jahren als der bedeutendste amerikanische Schriftsteller unserer Zeit gilt, vereinte, was auf den ersten Blick unvereinbar scheint: Er war ein hochgebildeter, ein geradezu raffinierter Intellektueller und andererseits ein temperamentvoller Plauderer, er war ein Melancholiker und ein Schalk in einem, ein Mystiker und beinahe auch ein Conférencier, ein düsterer Prophet und gleichwohl ein Unterhaltungskünstler, ein ernster Philosoph und ein heiterer Lebensgenießer. Das seien Widersprüche und Gegensätze? Ja, natürlich, aber gerade sie haben zu seinem außerordentlichen internationalen Erfolg beigetragen.

Freilich hütete er sich, anspruchsvolle Leser etwa zu vernachlässigen und die schlichten zu überfordern. Bei Bellow kam jeder auf seine Rechnung. In seiner Epik findet sich alles, was der Roman bieten kann – von Ulk, Witz und prallen Episoden bis zur philosophischen Meditation und tiefsinnigen Diskussion. Nur: Seine Philosophie ist volkstümlich, seine Volkstümlichkeit auch für Feinschmecker reizvoll. Pessimistische Metaphysik wußte Bellow immer mit kräftiger Lebensbejahung zu relativieren und mit einem Schuß Kolportage zu verbinden. Neben nachdenklichen Bemerkungen über unser Dasein und seine Fragwürdigkeit finden sich häufig Verweise auf schöne, schwarze Netzstrümpfe und andere intime Textilien.

Was immer Bellows Helden tun und denken, sie sind Einzelgänger und Außenseiter auf der Suche nach ihrer Identität. Diese feinfühligen und oft auch depressiven Intellektuellen aus New York oder Chicago wissen sehr genau, daß etwas faul ist im Staate Dänemark: Sie können also ihre Umwelt nicht akzeptieren, doch denken sie nicht daran, die Gesellschaftsordnung zu verändern oder gar zu revolutionieren. Im ziemlich dramatischen Lebensweg eines jüdischen Jungen aus den Slums von Chicago (in Bellows Schelmenroman »Die Abenteuer des Augie March«, 1953) spiegelt sich, weit über das Jüdische hinaus, die Epoche, zumal das moderne Amerika.

Das gilt ebenso und erst recht für seinen wohl berühmtesten Roman »Herzog« (1964), die geistreiche Geschichte jenes amerikanisch-jüdischen Professors, der unentwegt Briefe schreibt (übrigens auch an sich selbst), die er meist nicht abschickt. Der enorme Erfolg dieses Romans hat, stark vereinfacht gesagt, mit dem Bedürfnis der Intellektuellen zu tun, in einem unterhaltsamen Buch etwas über sich selbst zu erfahren. »Mann in der Schwebe« war Bellows erster Roman (aus dem Jahre 1944) betitelt. Alle seine einsamen Sonderlinge sind »dangling men« – Männer in der Schwebe. Gleichwohl leisten diese Skeptiker auch Widerstand, doch nur auf diskrete Weise.

Sie reden von Gott und träumen von Frauen. Während sie in der einen Hand das heilige Buch halten, an das sie gerade glauben, greifen sie mit der anderen nach weiblichen Oberschenkeln. In dieser etwas unbequemen Position verharren sie nicht lange. Im Dilemma zwischen dem Geist und der Materie plädieren sie zugunsten des Lebens. Oder auch: Zwischen Sein und Nichtsein schwankend, entscheiden sie sich für Ophelia.

Doch König Claudius und sein Minister Polonius hätten von diesen Hamlets, die meist aus den jüdischen Vierteln der amerikanischen Großstädte kommen, nichts zu befürchten. Im Flirten sind sie stärker als im Fechten. Nicht mit Waffen können sie umgehen, wohl aber mit Worten, die ihnen reichlich zur Verfügung stehen. Ihr Element ist das Monologische. Doch ihr Glück entdecken sie im Dialog. Nicht dem Kampf gilt die Leidenschaft dieser Intellektuellen, sondern der Liebe: Sie suchen nach der verlorenen Zeit und finden den Augenblick, zu dem sie sagen, verweile doch, du bist so schön.

Unzählige Leser haben immer wieder in den von Bellow gezeichneten Porträts amerikanischer Juden die eigenen Konflikte und Komplexe wiedergefunden. Den deutschen Lesern erscheint die comédie humaine Bellows niemals fremd oder gar exotisch. Wie sollte sie auch? Erzählt er doch von Menschen, die irrend, solange sie streben, erkennen wollen, was die Welt im Innersten zusammenhält. Und deren Weisheit letzter Schluß das Bekenntnis des Ewigweiblichen ist.

*Ihre Glosse zum 70. Geburtstag von Sarah Kirsch (in der F.A.Z. vom 16. April) ist sehr schön, aber waren die herben Sätze am Anfang denn nötig?*

Zu sehr schätze und bewundere ich die Lyrikerin Sarah Kirsch, als daß ich bereit wäre, über sie unaufrichtig zu schreiben. Und wozu sollte ich dies tun? Hat sie es denn nötig, daß man sie – und sei es aus Anlaß ihres siebzigsten Geburtstags – nur lobt und rühmt und auch die geringste Bemerkung unterdrückt?

Ähnlich wie unsere Leserin, die mit mir unzufrieden ist, hat auch meine Freundin Eva, eine bedeutende Schriftstellerin, nicht verheimlicht, daß ihr die ersten Sätze meiner Glosse arg mißfallen. Und auch meine liebe Monika, die mir fünfzehn Jahre nahestand (ein Hundsfott, wer hier an Unsittliches denkt), sagte knapp: »Der Anfang ist nicht gut.«

Was steht denn in diesem angeblich so ärgerlichen, wenn nicht gar kränkenden Anfang meines Artikels? Ich hätte noch nie – schrieb ich – eine publizistische Äußerung, einen Aufsatz oder ein Interview, der großen Dichterin gelesen, die mich irritiert oder beeindruckt hätte. Das mag damit zusammenhängen, daß ihr – heißt es in der Glosse – das methodische, das von Begriff zu Begriff schreitende Denken eher fremd sei. Dies aber sei keineswegs ungewöhnlich. Ich nannte zum Vergleich die besten Namen: von Else Lasker-Schüler bis zu Anna Seghers und Ingeborg Bachmann. Ist das beleidigend? Gibt es bessere Autorinnen in der Geschichte der deutschen Literatur als die drei eben genannten?

Zugleich habe ich darauf hingewiesen, daß die Gedichte der Sarah Kirsch natürlich von unterschiedlicher Qualität seien, daß ich sie jedoch, anders als ihre seltenen publizistischen Äußerungen, stets als authentisch empfunden hätte. Um mich gegen Mißverständnisse abzusichern, habe ich wiederum zum Vergleich die allerhöchsten Namen genannt: Goethe, Hölderlin und Brecht. Man darf hinzufügen: Dichtern, die immer ihr Niveau zu halten vermögen, gebührt kein Respekt. Es können bloß mittelmäßige Autoren sein, solche, die nichts riskieren.

Sarah Kirsch hingegen hat immer viel riskiert, und deshalb konnte ihr nicht alles gelingen. Man muß sich hüten, Sätze, die einen Autor charakterisieren sollen, gleich als abwertende Urteile mißzuverstehen. Darf man nicht sagen, daß Paul Celan oder Günter Eich oder Peter Huchel keine Erzähler waren? Und was das methodische Denken oder dessen Fehlen betrifft: Es gibt heutzutage in Deutschland viele Frauen, beispielsweise Juristinnen, Politikerinnen oder Journalistinnen, deren Logik makellos, deren kühl-exaktes Denken vorbildlich sind. In dieser Hinsicht sind sie Sarah Kirsch haushoch überlegen. Aber sie verfassen in der Regel (und glücklicherweise!) keine Gedichte – und wenn doch, dann bestimmt erheblich schlechtere als die unserer Poetin.

Im Laufe der Jahre und Jahrzehnte habe ich viele, sehr viele Briefe von Sarah Kirsch erhalten. Die inhaltliche Substanz dieser immer schön und sorgfältig mit der Hand geschriebenen und meist wunderbaren Briefe war in der Regel bescheiden. Aus ihnen konnte ich jedoch viel über den Wind und das Wetter lesen, über das Moor und das Meer, über düstere Wolken und elegische Stimmungen, kurz: über Sarah Kirsch erfahren.

Ich bin sehr vorsichtig in Voraussagen, zu denen man mich mitunter verführen will – was dann bleiben werde von unserer Literatur. Doch dessen bin ich sicher: Einige Gedichte der Sarah Kirsch werden bestimmt dazugehören. Der »Sarah-Sound« (die Formulierung von Peter Hacks stammt aus dem Jahre 1976) wird nicht verklingen. So wiederhole ich die Worte, mit denen meine Geburtstagsglosse endete: Sarah, seien Sie bedankt, seien Sie umarmt!

## *Warum mißlingen Erzählern Dramen?*

Ob sie es versucht haben, Dramen zu schreiben, oder gleich kapitulierten – es gibt keine Bühnenwerke von Theodor Storm oder Wilhelm Raabe, von Gottfried Keller oder Conrad Ferdinand Meyer, auch nicht von Theodor Fontane, der sich intensiv für die dramatische Literatur interessiert hat. In Thomas Manns arbeitsreichem Leben gibt es einen einzigen dramatischen Versuch (»Fiorenza«), dessen Mißlingen keiner treffender erkannt hat als er selber.

Kafka war ein Erzähler und war es auch in seinen herrlichen

Briefen und Tagebüchern. Auch Rilke war kein Dramatiker. Musil, Döblin und Canetti wollten sich als Stückeschreiber bewähren, letztlich ohne Erfolg. Und nach 1945? Arno Schmidt, Wolfgang Koeppen und Uwe Johnson haben nie für die Bühne gearbeitet, und jene, die es versucht haben, von Böll und Andersch bis Grass, Lenz und Walser, haben nicht eben viel erreicht.

Eine andere Frage: Warum sind die deutschen Lyriker des zwanzigsten Jahrhunderts in der Regel keine oder, offen und klar gesagt, nur sehr schwache, kümmerliche Erzähler? Beispiele: Erich Kästner, Paul Celan, Peter Huchel, Günter Eich, Karl Krolow, Hans Magnus Enzensberger, Peter Rühmkorf. Und warum ist einem so bedeutenden Lyriker und Dramatiker wie Bertolt Brecht ein wirklich guter Roman nie gelungen?

Das sind Fragen, die, vielleicht und bestenfalls, ein anregendes Gesellschaftsspiel ergeben können; zu nennenswerten Einsichten führen sie jedoch nicht. Ich jedenfalls bin nicht imstande, sie zu beantworten. Und ich habe nie auch nur den Versuch der Klärung derartiger Probleme gefunden.

Hamlet sagt einmal: »Es gibt mehr Ding' im Himmel und auf Erden, / Als Eure Schulweisheit sich träumt, Horatio.« So wie es blonde und schwarzhaarige, weiße und schwarzhäutige Menschen gibt, so gibt es auch geborene Erzähler oder geborene Lyriker oder geborene Dramatiker. Aber von Zeit zu Zeit fehlt es nicht an Ausnahmen. Heutzutage ist eine solche Ausnahme der Erzähler und Lyriker Günter Grass.

*Zum wiederholten Male lese ich Georg Büchners wunderbares Fragment »Lenz«. Ich halte diesen Text schlicht und einfach für das beste Stück Prosa, das je in deutscher Sprache geschrieben wurde, noch vor Thomas Manns Novelle »Der Tod in Venedig«: Können Sie meine Euphorie vielleicht auch ein bißchen teilen?*

Aber ja, selbstverständlich, ich schließe mich Ihrer Begeisterung gerne an. Auch ich habe gelegentlich in langen nächtlichen Gesprächen mit Freunden – es ist beinahe siebzig Jahre her – stolz und kühn und keinen Widerspruch duldend verkündet, der »Lenz« sei das allerbeste deutsche Prosastück, ja, ich habe es sogar riskiert zu behaupten, auf der ersten Seite des »Lenz« beginne – und zwar mit dem Satz »Müdigkeit spürte er keine, nur war es ihm manchmal unangenehm, daß er nicht auf dem Kopf gehen konnte« – die moderne deutsche Literatur, jedenfalls die erzählende Prosa. Kurz und bündig: Wir sind uns einig und lassen uns unser Büchner-Glück von Nörglern, Spießbürgern und Analphabeten nicht verderben. So weit, so gut. Wirklich? Nein, so weit, so schlecht.

Zunächst einmal: Superlative in Sachen Literatur oder Musik provozieren beinahe immer erregte Proteste. Ich weiß das, weil ich Superlative liebe. Es genügt, in Gesellschaft zu sagen, der größte Komponist aller Zeiten sei Bach, und gleich meldet sich jemand, der mit nachdenklicher und lächelnder Milde den Namen »Mozart« nennt, während ein dritter in der Runde mit stirnrunzelnder Erhabenheit für Beethoven plädiert. Unter uns und ganz vertraulich: Alle drei haben recht, und die Diskussion, wem denn nun die Palme gebührt, ist vielleicht doch ein wenig läppisch, der Wettstreit hat keinen Sinn, auch nicht in der Literatur.

Ich sage gern, bisweilen um Gesprächspartner zu ärgern, der

bedeutendste deutsche Erzähler des zwanzigsten Jahrhunderts sei Thomas Mann, oder ich gehe gleich aufs Ganze: Er sei der bedeutendste Prosaist seit 1832 – und sofort wird mir geantwortet, mitunter sogar im Chor: Nein, der Kafka. Ich amüsiere mich, widerspreche natürlich nicht und bin froh, daß wir zwei solche Kerle, nein, zwei solche Gentlemen haben – wie den aus Lübeck und den aus Prag.

In der deutschen Poesie des zwanzigsten Jahrhunderts sieht dieses harmlose Gesellschaftsspiel ähnlich aus. Ich liebe am meisten (und zwar seit meiner Jugend) den Lyriker Brecht. Manche ältere Leute wenden sich mit Grauen ab (»Er war doch Kommunist!«) und erklären, etwas feierlich: Rilke, Rainer Maria. Und immer bekennt sich jemand schwärmerisch (reifere Damen nicht selten mit Augenaufschlag) zu einem großen Jugenderlebnis – nämlich jenem mit Namen Benn. Dagegen ist nichts einzuwenden, nur sollte man sich unbedingt hüten, den einen gegen den anderen auszuspielen.

Ich habe mal in einer Opernpremiere in der Pause mit einer etwas dümmlichen Gattin eines unserer Politiker Konversation machen müssen. Small talk ist nicht meine starke Seite, also fiel mir nichts anderes ein, als sie zu fragen, welche die erste Oper in ihrem Leben gewesen sei. Es war »Bohème«. Ich sagte, daß ich diese Oper ganz besonders liebe und, wenn Mimi stirbt, jedes Mal weine, garantiert. Die Dame aber erwiderte mir: Die »Matthäus-Passion« ist doch besser. Ich wurde beinahe ohnmächtig und meinte nicht eben schüchtern, auch Luthers Bibelübersetzung übertrumpfe die Romane von Marcel Proust.

Hier liegt der Hase im Pfeffer: Man darf nicht Unvergleichbares miteinander vergleichen. Die »Matthäus-Passion« ist weder besser noch schlechter als Puccinis »Bohème«. Es ist etwas ganz anderes. So ist auch jeder Vergleich des »Lenz« mit dem »Tod in Venedig« sinnlos. Büchners Prosastück entstand 1836, Thomas Manns Novelle 1912. Beide Werke stammen somit aus ganz verschiedenen Epochen. Schon dieser Umstand macht eine Qualitäts-Rangfolge im Stile unserer Bestsellerlisten unmöglich. Natürlich kann man sagen, dieses Werk beeindruckt mich mehr, jenes weniger. Das ist eine persönliche Ansicht, aber nicht unbedingt ein Qualitätsurteil.

Da der Büchner-Enthusiast aus Fuldabrück offenbar eine Schwäche für kleinere epische Formen hat, will ich ihm rasch zwei nach 1945 geschriebene Erzählungen empfehlen: »Jugend« von Wolfgang Koeppen und »Doktor Murkes gesammeltes Schweigen« von Heinrich Böll.

*Hat sich Ihr Urteil über Wolfgang Koeppen im Laufe der Jahrzehnte geändert?*

Koeppens Werk besteht, wie das von allen Schriftstellern, aus Büchern von sehr unterschiedlicher Bedeutung. Ich schätze besonders den frühen Roman »Eine unglückliche Liebe«, den Roman »Der Tod in Rom« und das Fragment »Jugend«. Für das allerwichtigste Buch von Koeppen halte ich den herrlichen Roman »Tauben im Gras«, veröffentlicht 1951 und nach wie vor viel zuwenig bekannt. Wer diesen Roman nicht gelesen hat, der solle nicht glauben, er kenne die deutsche Literatur nach 1945.

*Ich weiß schon, Literatur ist kein Wettbewerb. Trotzdem meine Frage: Welcher Schweizer Großschriftsteller steht Ihnen näher? Frisch oder Dürrenmatt? Welchen halten Sie für den bedeutenderen?*

Der Dramatiker Dürrenmatt ist, glaube ich, origineller als der Dramatiker Frisch. Ich schätze vor allem Dürrenmatts Stück »Der Besuch der alten Dame«, wobei ich allerdings nicht verheimlichen kann, daß mir manche Szenen und Motive in diesem Bühnenwerk schon etwas verstaubt und verblaßt vorkommen. Aber man sollte nicht vergessen, daß von Frisch ein hochbeachtliches, wenn auch nicht mehr ganz aktuelles »Lehrstück ohne Lehre« stammt, nämlich »Biedermann und die Brandstifter«.

Der Romancier Frisch steht mir mit Sicherheit näher als der Romancier Dürrenmatt. Frischs Romane »Stiller« und »Homo faber« sind noch heute lesenswert, sein kleiner Roman »Montauk« ist noch heute wunderbar. Aber man sollte nicht vergessen, daß von Dürrenmatt eine glänzende und leider nach wie vor unterschätzte Erzählung stammt, nämlich »Die Panne«.

Als Typen sind Frisch und Dürrenmatt überhaupt nicht miteinander vergleichbar. Frisch ist nicht vom Geschlecht der Außenseiter, der Ruhestörer und Rebellen, der Getriebenen, der Unversöhnlichen und Zerrissenen. Mit den schockierenden Amokläufern der Literatur hat er kaum etwas gemein. Er gehört eher zu den Nachkommen der betont bürgerlichen Schriftsteller, der distanzierten und schmunzelnden Beobachter, der ironischen und meditierenden Zeugen, der urbanen Humoristen und leidenden Skeptiker, der – um Beispiele auf höchster Ebene zu geben – Keller, Fontane und Thomas Mann.

Dürrenmatt paßt in keinen Rahmen, jedenfalls nicht in einen deutschen. Da er aus einem Pfarrhaus kommt und gelegentlich biblische Motive verwendet, wollte man sein Werk unbedingt im religiösen Sinne interpretieren. Doch die (bisweilen ungeheuerliche) Provokation, die von seinen Theaterstücken und Prosawerken ausgeht, hat ihr Fundament nicht in einem wie auch immer verstandenen Christentum, nicht in jenem kräftigen Protestantismus, zu dem sich Dürrenmatt bisweilen fröhlich bekennt, sondern in seiner makabren und gleichsam universalen Negativität.

Frisch ist ein Ankläger wider Willen. Denn er sehnt sich nach der Idylle, und er liebt den Ausgleich. Er, ein profunder Kenner bürgerlicher Schwächen, schämt sich nicht bürgerlicher Tugenden. Er praktiziert Moral ohne Predigt und Zeitkritik ohne Propaganda. Er demonstriert Engagiertheit ohne Gereiztheit und Protest ohne Hysterie. Er erzählt von der Liebe, also von der Vergänglichkeit; vom Tod, also von der Angst vor dem Tod.

Dürrenmatt, der von vornherein erklärte, daß jede Utopie sich als Fata Morgana erweisen müsse, lag quer und saß zwischen allen Stühlen. Die besten Arbeiten dieses unbestechlichen Anti-Ideologen sind Bruchstücke einer großen, einer – so paradox es auch klingen mag – imponierenden Kapitulation. Er, Dürrenmatt, war nicht unser Richter, aber vielleicht unser Gewissen, das uns nie in Ruhe läßt.

Ich habe die beiden großen Schweizer oft getroffen, in Restaurants und Kaffeehäusern, in Fernsehstudios. Wir sahen uns in Hamburg und Hannover, in Zürich und Frankfurt. Unsere Gespräche waren für mich immer höchst interessant. In solchen Gesprächen spürte ich deutlich, welcher dieser beiden Autoren mir letztlich näherstand: Frisch.

*Im Insel Verlag ist aus Anlaß Ihres 85. Geburtstages ein von Hubert Spiegel herausgegebenes Buch mit dem Titel »Begegnungen mit Marcel Reich-Ranicki« erschienen. Unter den Beiträgen von beinahe sechzig Autoren ist mir ganz besonders ein kurzer Artikel von Günter Grass aufgefallen. Hat er auch Sie beeindruckt?*

Ja, dieser Artikel hat mich tief beeindruckt, er hat mich sogar gerührt. Denn ich bin, ob man es mir glaubt oder nicht, ein sentimentaler Mensch, sehr empfänglich für Zeichen des Wohlwollens oder gar der Herzlichkeit. »Ich werde ihn nicht los, er wird mich nicht los« – meint Grass. Das stimmt, das trifft zu. Und heißen soll das: Solange Grass publizieren wird, werde ich mich für seine Arbeiten interessieren und über diese Arbeiten schreiben. In der Tat, er wird mich nicht los, und ich werde ihn nicht los.

Schon warte ich, wie ich es seit 55 Jahren tue, auf sein nächstes Buch, kritisch und hoffnungsvoll zugleich. Und vielleicht denkt er schon, naturgemäß etwas mißtrauisch, an meine nächste Äußerung über ihn. In der Kritik seines wunderbaren (und bei uns unterschätzten) Gedichtbands »Letzte Tänze« schrieb ich: »Wir sind mit ihm alt geworden, wir sind mit ihm jung geblieben.«

Sein nächstes Buch: Diesmal wird es wohl, vermute ich, kein Graphikband sein und keine Gedichtsammlung, sondern ein Prosabuch. Apropos: Grass schreibt jetzt, er könne es nicht recht begreifen, daß jemand seiner Prosa »grämlich« aufsitze und dennoch von früh an seinen Gedichten auf der Spur sei, »hingerissen, verführt«. Nun ja, seit den »Vorzügen der Windhühner«, dem unvergessenen Band von 1956, lasse ich mich von seinen Gedichten verführen und auch von seinen Erzählungen.

Und von seinen Romanen? Da hatte ich im Laufe der Jahre allerlei Bedenken. Doch betrafen sie die Figuren, die Motive, die Konflikte, niemals hingegen die (stets poetische) Sprache dieser Romane. Irgendwann, vor zwanzig oder dreißig Jahren, habe ich im Fernsehen gesagt und in der F.A.Z. geschrieben, daß ich für die bedeutendsten deutschen Prosakünstler unserer Tage Wolfgang Koeppen und Günter Grass halte. Koeppen ist vor bald zehn Jahren gestorben. Aber sonst hat sich auf der höchsten Ebene der zeitgenössischen Prosa nichts geändert, niemand also, den man bei solchen Überlegungen berücksichtigen müßte, ist hinzugekommen. So befindet sich in unserer Zeit auf dieser Ebene nur Grass, einsam und allein.

Ich hatte schon meine guten Gründe, als ich 1993 in einem Fernsehgespräch mit Thomas Gottschalk (also vor einem Millionenpublikum) einen kleinen und kaum beachteten Gedichtband von Grass (»Novemberland«) lobte und von Gottschalk mit der Frage überrascht wurde, welchem deutschen Autor ich den Nobelpreis geben würde. Ohne einen Augenblick zu zögern, nannte ich Grass. Ich glaube, ich war der erste, von dem er für diesen Preis vorgeschlagen wurde. Unter uns und streng vertraulich: Hätte ich ihn damals nicht genannt, dann hätte er auch den Preis erhalten. Übrigens: Einige deutsche Autoren nahmen mir meinen Vorschlag etwas übel. So ist das in unserer Branche.

Grass erwähnt in seinem Beitrag auch das mittlerweile berühmte Titelbild im »Spiegel«, auf dem ich »mit allerbildlichster Deutlichkeit« einen seiner Romane zerrissen haben soll. Ich habe noch nie in meinem Leben ein Buch zerrissen, nicht einmal ein Taschenbuch. Hierzu fehlt mir die Kraft, auch hatte ich hierzu nie die Lust. Es handelte sich natürlich um eine Fotomontage, der ich gar nicht zustimmen konnte, weil ich im Urlaub in Österreich war. Wie auch immer, Grass war verärgert: »Das hat mich, zugegeben, verletzt.« Heute weiß ich es: Ich hätte mich um das Bild kümmern und die Fotomontage verhindern sollen. Daß ich es nicht getan habe, bedauere ich.

Verwundert hat mich seine Formulierung von meinem jetzt »aufkeimenden Selbstzweifel«. Das ist nicht ganz richtig. Denn der Selbstzweifel hat meine berufliche Laufbahn unentwegt begleitet. Doch vielleicht nicht in hinreichendem Maße, vielleicht ist manch eine meiner Kritiken, wenn auch nicht unbedingt falsch, so allzu scharf geraten. Das gilt auch für die eine oder andere Besprechung eines Romans von Grass.

Aber eine Kritik, die veröffentlicht ist, läßt sich nicht mehr zurücknehmen. Es gibt da nur eine Möglichkeit: Ich müßte das Buch nach zwanzig oder dreißig Jahren noch einmal lesen und dann eine neue Kritik schreiben. Sie würde möglicherweise von meinem ursprünglichen Urteil weit abweichen, aber es wäre eben eine ganz neue Kritik und nicht eine Revision der alten. Ist es verwunderlich, daß meine Neugier auf die jetzt entstehende deutsche Literatur größer ist als meine Lust, die vor Jahrzehnten entstandenen Romane noch einmal zu lesen? Bitte, Günter Grass, finden Sie sich damit ab.

Ich weiß schon, ich habe Ihnen, bald ein halbes Jahrhundert über Sie schreibend, manch einen Schmerz bereitet. Auch wenn ich mir in schwachen Stunden sage, daß dies unvermeidbar war, tut es mir dennoch leid. Ich wiederhole Ihren letzten Satz: »Noch haben wir Zeit für weitere Mißverständnisse und Liebesbeteuerungen.«

*Kürzlich hörte ich jemanden die Meinung vertreten, Theodor Fontane sei der bedeutendste deutsche Dichter zwischen Goethe und Thomas Mann. Stimmen Sie dem zu?*

In der Tat habe ich dies unlängst im Fernsehen gesagt. Aber ich habe nicht von »Dichtern« gesprochen, sondern von deutschen Romanciers. Ja, ich sehe zwischen den »Wahlverwandtschaften« (1809) und den »Buddenbrooks« (1901) keinen schöneren und wichtigeren Roman als »Effi Briest«.

*Vor einiger Zeit entdeckte ich Sándor Márai. Ich bin begeistert von seiner Erzählkunst und von seinem Talent, die Menschen zu beobachten und zu analysieren. Hätte er nicht den Nobelpreis verdient? Was sagen Sie dazu und welches ist Ihr liebstes Buch von dem großen Ungarn?*

Márai, der von 1900 bis 1989 lebte, schrieb Romane, Essays und Tagebücher, von denen man bei uns trotz mehrerer deutscher Ausgaben nichts wissen wollte. Ich bin kein Kenner seines Werks. Ich habe nur zwei seiner Romane gelesen. Beide sind bei uns in den letzten Jahren erschienen: »Glut« und »Wandlungen einer Ehe«. Beide haben mich beeindruckt, ja entzückt.

Es sind gesellschaftskritische, psychologische, nachdenklich und geruhsam erzählte Romane. Also traditionelle Literatur? Ja – und doch sind es ungewöhnliche und geradezu aus dem Rahmen fallende Bücher. Charakteristisch für die Prosa Márais ist die Verschmelzung des Monologischen mit großer, gelegentlich nahezu opernhafter Inszenierung. Rhetorische und theatralische Effekte verpönt er keineswegs, andererseits wirft er immer wieder die großen, die letzten Fragen auf. Die

Liebe als zwanghafter Zustand – das ist wohl das zentrale Thema Márais.
Ob er den Nobelpreis verdient hat? Ja, mit Sicherheit. Aber ich habe solche Fragen nicht gern, weil sie im Grunde nichts ergeben. Es haben doch im Laufe von über hundert Jahren bisweilen auch miserable Schriftstellerinnen und Schriftsteller diesen Preis erhalten. Und es haben diesen Preis verdient: Ibsen, Strindberg, Joyce, Virginia Woolf, Graham Greene, Proust, Rilke, Kafka, Babel, Brecht, Frisch und viele andere Autoren – und von unseren Zeitgenossen beispielsweise Philip Roth und John Updike, die nicht mehr zu den Jüngsten gehören. Alle diese Schriftsteller wurden mit dem Nobelpreis nicht ausgezeichnet.
Die Liste der Unterlassungen und der Fehlentscheidungen läßt sich noch lange ergänzen, aber die Autorität des Nobelpreises für Literatur ist nach wie vor enorm. Und wir waren alle glücklich, als ihn 1972 Böll bekam und 1999 Grass.

*Was halten Sie von Hörbüchern? Nach der Lektüre Ihres Buchs »Mein Leben« empfand ich Ihre Lesung als eine Steigerung. So geht es mir jetzt mit Schillers Dramen.*

Ich halte von Hörbüchern sehr viel – ob sie nun von Autoren gelesen werden oder von Schauspielern. Allerdings sollte man Hörbücher als willkommene, nützliche, aufschlußreiche, belehrende Ergänzung behandeln. Das heißt: Auf keinen Fall sollte das Hörbuch die Lektüre des literarischen Werks ersetzen.
Mich interessieren besonders die Lesungen der Autoren, die freilich nicht immer ihre Texte besonders gut vortragen. Negative Beispiele möchte ich hier nicht geben. Aber ein positi-

ves? Wenn Thomas Mann den »Tonio Kröger« oder den »Felix Krull« liest, ist es nicht nur eine wunderbare, eine höchst vergnügliche Darbietung. Die Lesung ist zugleich eine Interpretation seines Texts. Man versteht das Buch besser, als man es bisher verstanden hat.

*Ich lebe als internationaler Anwalt seit 1963 in Rom, wo ich Stefan Andres hautnah jahrelang erleben durfte. Es handelt sich meiner Ansicht nach bei dem heute zu Unrecht vergessenen Schriftsteller um einen Meister der deutschen Sprache. Wie ordnen Sie ihn ein?*

Die wohl beste Arbeit von Andres, an die ich mich gern erinnere, ist die Erzählung »El Greco malt den Großinquisitor«, gedruckt 1936. Es geht um die immer aktuelle, doch damals (also zur Zeit des Dritten Reichs) ganz besonders wichtige und heikle Frage nach dem Verhältnis von Kunst und Wahrheit, zumal in einer Epoche, in der die Meinungsfreiheit nicht existiert – hier ist es die Zeit der Spanischen Inquisition.

Hochbeachtlich ist auch die Erzählung »Wir sind Utopia«, die 1942 in der »Frankfurter Zeitung« veröffentlicht wurde. Die Buchausgabe erschien zwar 1943, fand jedoch erst nach dem Krieg, in den fünfziger Jahren, ein starkes Echo.

Später war Andres durchaus erfolgreich, doch hat sein Ruf bald gelitten, es hieß, seine Bücher näherten sich auf höchst bedenkliche Weise der Trivialebene. Da in den sechziger Jahren sein Name auch auf der (damals ziemlich neuen) Bestsellerliste auftauchte, bat mich die Wochenzeitung »Die Zeit« seinen Roman »Der Taubenturm«, der während des Zweiten Weltkriegs in Italien spielt, zu besprechen. Ich wollte es nicht tun, doch man erinnerte mich an die gelegentlich von mir geäußerte Ansicht, daß es nicht richtig sei, Bücher, mögen sie fragwürdig oder minderwertig sein, die aber sehr viele Leser finden, einfach zu ignorieren.

Ich ließ mich überzeugen und akzeptierte den Auftrag – und war entsetzt. Denn es handelte sich um den baren – nur selten gebrauche ich dieses Wort – Kitsch, eventuell Edelkitsch. Von der angeblich meisterhaften Sprache habe ich hier nicht eine Spur gefunden. Meine Kritik (betitelt »Edle Menschen«) erschien Ende 1966 in der »Zeit«.

Da die Leser, die an Andres interessiert sind, diese Kritik in meinem mehrfach aufgelegten und immer noch erhältlichen Buch »Lauter Verrisse« finden können, darf ich mich jetzt auf die Feststellung beschränken, daß ich nie wieder ein Buch von Stefan Andres in die Hand genommen habe. Denn: Das Leben ist kurz.

*Von welchen großen Kritikern der Vergangenheit haben Sie viel gelernt?*

Ich habe von mehreren großen deutschen Kritikern viel gelernt. Zunächst einmal von Lessing. Seine große Leidenschaft hieß Polemik. Er liebte den Widerspruch, die Diskussion, den Streit. Die Wahrheit, meinte er, habe bei jedem Streit gewonnen. Alle seine Werke, natürlich auch die Dramen vom »Jungen Gelehrten« bis zum »Nathan«, sind mehr oder weniger getarnte, doch unmißverständliche Kampfschriften.

Das Fräulein von Barnhelm und der Major von Tellheim – sie flirten miteinander und polemisieren gegeneinander, ja sie tun meist beides zugleich. Die Polemik als Flirt – das kannte nicht einmal Shakespeare, das gab es vielleicht, ich kann mich nicht genau erinnern, in Ansätzen bei Molière. Aber letztlich hat es doch erst Lessing erfunden. Wahrlich, ihm standen alle Register der Polemik zur Verfügung, und alle beherrschte er virtuos – wie kein Deutscher vor ihm und keiner nach ihm.

Von konstanten oder endgültigen Wahrheiten hielt er nichts. Man kann aus seinem Werk kein System ableiten, keine Theorie der Literatur, kein Programm der Kritik. Axiome sind da nicht zu finden, sondern immer nur Thesen und Vorschläge, die zur Diskussion gestellt werden, Empfehlungen und Vorschläge, von denen manche – aber natürlich nur manche – ihre Aktualität bis heute nicht eingebüßt haben.

Nie war er bereit, sich einer Schulmeinung anzuschließen, nie hat er eine Gruppe oder Stilrichtung repräsentiert. Die Einsamkeit schien ihm die Voraussetzung für die Unabhängigkeit des Kritikers, die Unabhängigkeit die Bedingung für sein Amt. An den Prinzipien der Aufklärung – Vernunft, Toleranz, Humanität – hielt er fest, doch nicht einmal ihnen erlaubte er, seine Bewegungsfreiheit einzuengen.

Im Grunde urteilte er von Fall zu Fall. Ob es sich um ein Buch, ein Theaterstück, eine philosophische Abhandlung oder publizistische Debatte handelte – er blieb stets dicht am Gegenstand, er konzentrierte seine Aufmerksamkeit auf das konkrete Faktum. Und er forderte, daß der Kritiker, der sich mit einem bestimmten Werk auseinandersetzt, stets auf das Ganze aus sein müsse. Er hat immer – und das war damals etwas Außergewöhnliches – den Primat der Praxis vor der Theorie, der Kunst vor der Wissenschaft von der Kunst verfochten.

Lessing hielt die pädagogische Funktion der Ablehnung für dringend notwendig. So hat er der Negation in der Literaturkritik zu höchsten Würden verholfen: Die nachdrückliche

Warnung vor einem schlechten Buch hielt Lessing für einen Dienst, »den man dem gemeinen Wesen leistet«. Er protestierte gegen einen situationsbedingten Preisnachlaß, also gegen jene Kritiker, die bereit sind zu loben, nur weil Besseres gerade nicht zu haben sei: »Wenn Hinkende um die Wette laufen, so bleibt der, welcher von ihnen zuerst an das Ziel kommt, doch noch ein Hinkender.«

Unverkennbar ist in Lessings kritischer Prosa die Herkunft vom Journalismus. Das hat ihr nicht geschadet. Denn er diente der Wissenschaft mit dem Temperament des Journalisten und dem Journalismus mit dem Ernst des Wissenschaftlers. Seine Kritik war an das Publikum gerichtet, dessen Reaktion ihm nie gleichgültig war.

Mit dem Adressaten hat auch die Diktion dieser Kritik zu tun: Lessing scheute weder Übertreibungen noch Überspitzungen, er liebte effektvolle Formeln und pointierte Sentenzen und übernahm viele aus der Umgangssprache stammende Wendungen – alles um der Verständigung, der Deutlichkeit willen. Ja, ich bin dessen sicher: Ich habe viel von Lessing gelernt.

*Ich habe Sie gefragt, von welchen großen Kritikern Sie viel gelernt hätten. Sie verweisen am 24. Juli auf Lessing. Wer folgt jetzt?*

Es folgt der Romantiker Friedrich Schlegel, der 1772 in Hannover geboren wurde und 1829 in Dresden gestorben ist. Ich weiß schon: Heute kennen diesen wunderbaren Kritiker bestenfalls die Fachleute. Aber eben deshalb schreibe ich hier über ihn.

Als Kritiker war er auch ein Literaturhistoriker und als Literaturhistoriker auch ein Kritiker. Er schrieb über die Großen der Vergangenheit (Dante, Cervantes, Boccaccio und, vor allem, über Shakespeare), ohne je die Literatur der unmittelbaren Gegenwart zu vergessen. Und er kritisierte seine Zeitgenossen, Goethe und Schiller, Jean Paul und Ludwig Tieck, stets mit dem Blick auf die Literatur der kommenden Generationen. Kniend schrieb er niemals, aufmüpfig häufig. Goethe sah es ungern, Schiller war empört.

Schlegel war überzeugt, daß jedes vortreffliche Werk, von welcher Art es auch sei, mehr weiß, als es sagt, und mehr will, als es weiß. »Kritisieren heisst« – schrieb er – »einen Autor besser verstehn, als er sich selbst verstanden hat.« Niemals kam er auf die Idee, der Kritiker sei klüger oder gebildeter als der Autor. Und doch ist er dem Autor in einer gewissen Hinsicht überlegen. Denn jener, der das Kunstwerk geschaffen hat, weiß, was er beabsichtigt, was er gewollt hat – und gerade dieses Wissen trübt seinen Blick auf das Ergebnis seiner oft langwierigen Arbeit. So fällt es dem Autor schwer, es ist auch nicht seine Sache, den künstlerischen Mehrwert wahrzunehmen, der entsteht, weil das Werk, wenn es denn vorzüglich ist, mehr weiß, als es sagen sollte und wollte.

So sehr sich Schlegel um die Vermittlung der Literatur bemühte, so wenig war er bereit, Zugeständnisse an den Publikumsgeschmack zu dulden. Also Literatur für eine intellektuelle Minderheit? Ja, Schlegel verteidigte ihre Daseinsberechtigung, doch weltfremd war er nicht. Als er von seinem Bruder August Wilhelm dessen »Hamlet«-Übersetzung erhielt, fielen ihm in beinahe jeder Zeile »ungewöhnliche Worte« auf. Er warnte ihn: »Du könntest in Gefahr kommen, nur für Gelehrte zu dichten.« Friedrich Schlegel wollte die Gesellschaft poetisch und die Poesie gesellig machen.

Er beabsichtigte, »die Literatur in ihrem Einflusse auf das

wirkliche Leben, auf das Schicksal der Nationen und den Gang der Zeiten darzustellen«. Eben deshalb hat er jenen Rezensionen, die wir gemeinhin »Verrisse« nennen, immer viel Aufmerksamkeit gewidmet. Die Kritik, schrieb er, ist die Kunst, »die Scheinlebendigen in der Literatur zu töten«.
Aber wozu etwas töten, was gar nicht lebt? Schlegel beklagte die Voraussetzungen für die Rezeption der Literatur in seiner Epoche. Seit der Erfindung der Buchdruckerei und seit der Verbreitung des Buchhandels werde »die Masse des falschen und unechten, was in der Bücherwelt, ja auch in der Denkart des Menschen die Stelle des Wahren und Echten einnimmt, gegenwärtig ungeheuer gross«. Was soll man dagegen unternehmen? Damit nun wenigstens Raum geschaffen werde für die Keime des Besseren, müssen Irrtümer und Hirngespinste jeder Art erst weggeschafft werden. Er befürwortete die »billige Verachtung und Wegräumung des Mittelmäßigen oder des Elenden«.
Schlegel zweifelte nicht, welche Gattung einst im Vordergrund der Literatur stehen werde: Was für die Griechen die Tragödie war und für die Römer die Satire, das werde in der Zukunft der Roman sein. Denn der Roman sei eine äußerst flexible Form, er könne Lyrisches, Dramatisches und Essayistisches, ja schlechthin alles aufnehmen. Aber welche Wahrheiten sollte die Literatur der Zukunft in den Mittelpunkt stellen, welche sollte sie verkünden? Der romantische Prophet Friedrich Schlegel machte sich keine Illusionen: Die höchsten Wahrheiten seien durchaus trivial, und ebendarum sollte man sie immer neu und womöglich immer paradoxer ausdrücken – »damit es nicht vergessen wird, dass sie noch da sind und dass sie nie eigentlich ganz ausgesprochen werden können«.

*Was hätten Sie Thomas Mann gern gefragt?*

Nichts, tatsächlich nichts. Der Grund? Seine Romane und Erzählungen, seine Essays, seine Briefe und Tagebücher, also Tausende, ja Zehntausende von Seiten bieten dem, der lesen kann, Antworten auf zahllose Fragen, darunter auch auf Fragen, die mir nie eingefallen wären.
Übrigens gilt das nicht nur für Thomas Mann, sondern auch für Shakespeare und Goethe, für Tolstoi und Dostojewskij und für alle wirklich großen Schriftsteller. Hamlet sagt im ersten Akt: »Es gibt mehr Ding' im Himmel und auf Erden, als eure Schulweisheit sich träumt.« Das kann man ruhig abwandeln: Es gibt mehr Ding' in der Literatur, als unsere Weisheit sich träumen läßt. Also sollte man Autoren nicht mit zusätzlichen, mit überflüssigen Fragen belästigen.

*Vor fünfzig Jahren ist »Lolita« erschienen. Wirken nicht der Roman und die Aufregung um dieses Buch heute etwas antiquiert?*

Das sind zwei verschiedene Fragen: die erste betrifft ein literarisches Werk, die zweite die ungewöhnliche Reaktion auf dieses Werk.
Der Roman »Lolita« erzählt die Geschichte eines reifen Mannes namens Humbert Humbert, der einem zwölfjährigen Mädchen verfällt und, um ihm immer nahe sein zu können, dessen Mutter heiratet. Die Wirkung, die »das gemeine, kleine Ding« auf ihn ausübt, ist eindeutig – und es klingt wie barer Hohn, wenn Nabokov seinen Ich-Erzähler Humbert Humbert kurzerhand sagen läßt, ihm liege überhaupt nichts am Sexuellen, vielmehr locke es ihn, »den gefährlichen Zau-

ber des Nymphchens festzuhalten«. Denn das eine läßt sich vom anderen überhaupt nicht trennen: Gerade das Sexuelle löst diesen Zauber aus.

»Wie kommt es« – fragt Humbert Humbert –, »daß die Art, wie sie geht, mich so erbärmlich aufregt?« Natürlich weiß er keine Antwort, aber er versucht immer wieder zu beschreiben, was ihn an diesem kleinen Dämon mit der Grazie eines Kobolds fasziniert und entwaffnet: Es ist die sinnliche, rein körperliche Attraktivität Lolitas. Sie versetzt ihn in einen Zustand der Erregung, der an Wahnsinn grenzt. Das zentrale Thema dieses Romans ist die sexuelle Hörigkeit, demonstriert an einem pathologisch-exzentrischen Beispiel.

Aber Humbert Humbert vergreift sich an dem Mädchen nicht. Nicht er verführt Lolita, sondern sie verführt ihn. Was Schamhaftigkeit ist, weiß sie gar nicht. Liebkosungen hält sie für »romantischen Quatsch«. Nicht sie ist ihm ausgeliefert, sondern er ihr. Seine Ekstasen sind ihr gleichgültig.

So leuchtet es denn ein, daß am Ende sie ihn verläßt und nicht umgekehrt. Sie kann sich letztlich auch ohne ihn im Leben einrichten, während er ohne sie verloren ist. Und er ist es um so mehr, als aus seiner sexuellen Begierde mit der Zeit immer zärtlichere Gefühle erwachsen. Sie richten sich auf ein einziges Ziel, auf eine einzige Person – auf Lolita.

Der Glücksrausch, der ihm an ihrer Seite zuteil wird, führt schließlich zur Liebe, freilich einer, die unerwidert bleibt. Denn das Mädchen ahnt nicht einmal, was das Wort »Liebe« bedeutet. Wo aber nur eine Person liebt, läßt sich schwerlich von einer Liebesgeschichte reden. Nein, nicht eine Liebesgeschichte wird hier erzählt, wohl aber die Geschichte einer Liebe.

Man hat sich häufig bemüht, »Lolita« in der Tradition der klassischen erotischen Literatur zu sehen. Es steht ja hier im

Mittelpunkt das uralte Motiv der heimlichen Liebesbeziehung, einer solchen also, die geheimgehalten werden muß, weil sie mit den herrschenden sittlichen Auffassungen und Prinzipien nicht in Einklang zu bringen ist.

Im Sinne dieser Deutung erscheine der Gesellschaft das Verhältnis Humbert Humberts zu dem Mädchen Lolita ebenso skandalös wie einst Tristans Verhältnis zu Isolde oder das Wronskijs zu Anna Karenina. Es stellt die Liebenden, wie es in der erotischen Literatur sein muß, außerhalb der Gesellschaft. Indes: Da es in Nabokovs Buch, wie gesagt, nur einen Liebenden gibt, kann »Lolita« nicht als eine moderne Version des klassischen erotischen Romans verstanden werden, das Buch ist vielmehr dessen virtuose, ja vollkommene Parodie.

Die schriftstellerische Kunst, die die Liebe des Humbert Humbert spürbar und offenbar macht, bezieht ihre Überredungskunst vor allem aus der (man kann schon sagen: phänomenalen) Wahrnehmung und Beschreibung von Details. Gab es nach Proust einen Erzähler, der den Requisiten des Alltags, den Nuancen und Winzigkeiten jeglicher Art soviel Leben und Expressivität abgewonnen hätte? Die Feder Nabokovs wird scheinbar mühelos dem Sinnlichen ebenso gerecht wie der Emotionalität, der Wollust ebenso wie der Zärtlichkeit. Ihm gelingt es, worum sich die Epiker seit Homer bemühen – das Unglaubhafte zu beglaubigen.

Bleibt noch die Frage nach der Aufregung, die das Buch vor bald einem halben Jahrhundert hervorgerufen hat. Auf der Diskussion über die »Lolita« lastete mehrere Jahre lang das Problem, ob der Roman pornographisch oder hochmoralisch sei. Das scheint uns heute absurd und lächerlich zugleich.

Es gibt in diesem Roman keinen einzigen Satz, der ihn auch

nur in die Nähe der Pornographie rücken würde. Im Gegenteil: Hier werden sexuelle Vorgänge immer bloß angedeutet, denn derartige »Elemente des Animalischen« – heißt es einmal in »Lolita« – könne sich jeder selbst vorstellen. Kurz und gut: Die Aufregung um »Lolita« hatte mit der Prüderie in den späten fünfziger und den frühen sechziger Jahren zu tun.

*Hatten Wolfgang Borcherts Kurzgeschichten und sein Theaterstück »Draußen vor der Tür« Einfluß auf die Nachkriegsliteratur? Ist sein Werk für Sie heute noch von Bedeutung?*

Wolfgang Borchert, der 1921 geboren wurde und schon 1947 in einem Schweizer Krankenhaus starb, verdankt seine (unzweifelhafte) literaturhistorische Bedeutung einigen lapidaren Kurzgeschichten und vor allem dem Stationendrama »Draußen vor der Tür«, dessen Untertitel lautet: »Ein Stück, das kein Theater spielen und kein Publikum sehen will.« Es wurde Anfang 1947 als Hörspiel gesendet und war sofort sehr erfolgreich. Die Bühnenuraufführung fand im November 1947, einen Tag nach dem Tod des Autors, in Hamburg statt. Borchert hat nicht recht behalten: Millionen wollten das höchst aktuelle Drama sehen, es gab damals keine deutsche Stadt, in der es nicht aufgeführt worden wäre. Und es gab in den frühen Nachkriegsjahren wahrlich Grund genug, Borchert zu loben und zu rühmen.

Das bittere und bühnenwirksame Zeitstück, das die Geschichte eines Rußlandheimkehrers erzählt, der seine Heimat nicht wiederfinden kann, traf die Zuschauer mitten ins Herz. Aber wie so oft in Deutschland wurde eine ernste Auseinandersetzung mit einem wichtigen literarischen Werk ersetzt durch die rasche Produktion eines Mythos und einer

Aureole. Indes geht ein Mythos auf den Glauben zurück, nicht auf eine Erkenntnis. Eine Aureole wiederum ist als Beleuchtungskörper immer ungeeignet.

Für die einen war also Borchert eine attraktive und reizvolle Mischung aus Novalis und Büchner oder, meinetwegen, Rilke. Andere wollten seine Schriften bestenfalls als Zeitdokumente gelten lassen. Doch die Wahrheit scheint in der Mitte zu liegen: Weder ein genialer Dichter noch ein primitiver Sprecher seiner Generation, war er doch der Autor eines höchst beachtlichen, aktuellen Bühnenwerks und einiger vorzüglicher Kurzgeschichten.

Es sind allerdings wirkungsvolle, doch nicht überaus originelle Arbeiten. In dem Stück hört man deutlich, allzu deutlich das späte Echo des expressionistischen Dramas (zumal Ernst Tollers), die Kurzgeschichten erinnern an die Erzählungen vieler anderer Autoren jener Jahre, so etwa Heinrich Bölls. Einen nennenswerten Einfluß Borcherts auf die Nachkriegsliteratur sehe ich also nicht.

Gelegentlich wird sein Werk noch an Schulen behandelt oder eventuell im Studium der Germanistik. Aber im Grunde ist es vergessen. Ältere Leser mögen diese Entwicklung bedauern, doch unbegreiflich ist sie keineswegs. Schließlich sind die einst vieldiskutierten Dramen der deutschen Expressionisten (Walter Hasenclever, Georg Kaiser, Ernst Toller) ebenfalls längst vergessen. Nur geniale Werke können fünfzig oder sechzig Jahre überleben. Wir werden dies nicht ändern können. Und wir sollten es auch nicht versuchen. Denn immer wieder muß Platz für die Literatur der neuen Generation gemacht werden.

Wird Wolfgang Borcherts Zeit noch wiederkehren, wird man »Draußen vor der Tür« wieder auf der Bühne sehen? Ich bin da eher skeptisch. Wie auch immer: Man sollte dieses verdienstvollen Autors dankbar gedenken.

*Was sagen Sie zu der unerwarteten und verspäteten Affäre im Zusammenhang mit dem Nobelpreis für Elfriede Jelinek?*

Damals, vor einem Jahr, als die Österreicherin Elfriede Jelinek den Nobelpreis erhielt – was war das eigentlich: eine originelle Farce, eine ganz große akademische Eselei oder, kurz gesagt, ein richtiger Skandal? Daß es ein Skandal war, wurde damals verheimlicht, weil alle den Fall als höchst peinlich empfanden.

Da es sich um eine deutschsprachige Autorin handelt, habe ich mich zurückhaltend geäußert: Ihr literarisches Talent sei »eher bescheiden«, ihre Romane seien beinahe alle »mehr oder weniger banal oder oberflächlich«, ihre Bühnenwerke seien »unlesbar« und nur als Vorlage für rücksichtslose Regisseure geeignet. Man wird zugeben: Ich habe mich beherrscht.

Nun hat Knut Ahlund, Mitglied der Stockholmer Nobelpreisjury, gesagt, was er von der Sache halte – mit einjähriger Verspätung, denn soviel Zeit hat er angeblich gebraucht, um das Werk der Jelinek zu lesen. Aber er hat es schön deutlich gesagt. Also: es sei »eine Textmasse, die ohne einen Ansatz zu künstlerischer Struktur aufgehäuft wurde«, die Akademie habe »ein auf nahezu unfaßbare Weise auf der Stelle tretendes Werk, rettungslos in Klischees verhaftet, unter den großen literarischen Œuvres dieser Welt ausgewählt«. Das Ansehen des Preises sei ruiniert.

Das sind klare Worte, denen ich aus vollem Herzen zustimme. Das sagte ich meinem Freund, einem vorzüglichen österreichischen Essayisten und Kritiker, den ich seit vielen Jahren schätze und bewundere. Dieser erwiderte mir sofort und mit vor Zorn bebender Stimme, ich hätte doch nichts von der Jelinek gelesen – und er sprach so laut, daß sein mir nahestehender Dackel Poldi heftig bellend eingriff.

Wieder einmal muß ich sagen: Zwischen uns sei Wahrheit. Der Verdacht und Vorwurf meines Freundes, des Wiener Gentlemans, ist nicht so abwegig und nicht ganz richtig. Von den vielen Büchern der Jelinek habe ich zwei (»Die Klavierspielerin« und »Lust«) gelesen, wenn auch nicht ganz zu Ende, weil die Lektüre mein Wohlbefinden gefährdete, zumal meine Magennerven auf unangenehme Weise reizte. Mit ihren anderen Büchern habe ich, wie Thomas Mann sich auszudrücken pflegte, immerhin Kontakt aufgenommen. Das Ergebnis: Ich glaube, ja, ich bin sicher, daß das Schreiben nicht gerade zu den starken Seiten der Elfriede Jelinek gehört. Mehr möchte ich lieber nicht sagen, um nicht die bedeutendste Feministin Mitteleuropas, Alice Schwarzer, zu ärgern. Überdies: Der Fall ist ja schon dank der Äußerung des mutigen Mitglieds der Nobelpreisjury erledigt. Nicht erledigt ist indes der Nobelpreis. Die Crux ist die nicht mehr jugendliche Jury dieses Preises. Von den 18 Mitgliedern sind, sage und schreibe, sechs älter als 80 Jahre, weitere fünf Mitglieder sind über 75 und zwei über 70. Nach Adam Riese sind also 13 von den 18 Akademikern über siebzig Jahre alt. Das geht nicht.

Nun wird man vielleicht einwenden wollen, daß der Schreiber dieser Zeilen ebenfalls kein Jüngling mit lockigem Haar mehr sei. Schon wahr, doch zunächst ist, wie der Berliner sagt, eine schöne Glatze erheblich besser als kein Haar. Wahr ist freilich auch, daß ich nicht nur zu den über Achtzigjährigen zähle, sondern tatsächlich 85 Jahre alt bin.

Ich war Mitglied einer ehrenwerten Literaturjury, der auch ein berühmter Germanist, damals genau siebzig Jahre alt, angehörte. Er nahm an den Beratungen lebhaft teil und schlug einen vorzüglichen Autor als Preisträger vor. Wir rühmten seinen Kandidaten, machten jedoch darauf aufmerksam, daß selbiger diesen Preis schon vor wenigen Jahren erhalten hatte. Das brachte den großen Germanisten nicht aus der Ruhe, vielmehr fragte er, ob sein Kandidat unseren Preis nicht zum zweiten Mal erhalten könnte. Es war klar: Der Herr war schon etwas verwirrt.

Ich war damals 65 Jahre alt und beschloß (im inneren Monolog natürlich), im Alter von siebzig Jahren alle Jurys, denen ich angehörte, endgültig zu verlassen. Dies ist auch geschehen: Ich mache bei keiner einzigen Jury in Deutschland, Österreich oder der Schweiz mit. Und das ist gut so. Nur bilde ich mir nicht ein, daß die Stockholmer Akademiker meinem Vorbild folgen werden.

Auf jeden Fall ist in diesem Jahr ein Fortschritt feststellbar: Nachdem sich die Jury mit dem italienischen Clown Dario Fo, mit dem Chinesen Xinjiang, den, wie man in Hessen sagt, kein Schwein gelesen hat, und schließlich mit der zarten Österreicherin Elfriede Jelinek lächerlich gemacht hat, hat sie sich diesmal für einen ernsten Schriftsteller entschieden. Allerdings hätte er, der weltberühmte Dramatiker Harold Pinter, den Preis schon vor zwanzig Jahren erhalten sollen. »Spät kommt ihr, doch ihr kommt« heißt es im »Wallenstein«.

*Warum fehlen uns heute Autoren, wie Tucholsky und Kästner es waren? Oder gibt es sie doch?*

Ja, warum? Das hätte ich auch gern gewußt. Vielleicht wurden die satirischen Talente von der Kritik lange unterschätzt. Beispiele?

Ich halte sehr viel von Mascha Kaléko, deren Gedichte an Erich Kästner erinnern. Ihr erster Band (»Das lyrische Stenogrammheft«) erschien in einem für die Autorin geradezu fatalen Augenblick: Ende 1932, Anfang 1933. Das Buch konnte von der Kritik kaum wahrgenommen werden, da die Autorin Jüdin war und wenig später emigrieren mußte. Nach 1945 blieb sie im Ausland, kam jedoch gelegentlich zu Lesereisen nach Deutschland. Soviel ich weiß, wurde ihr nur ein einziger Literaturpreis verliehen (der Berliner Fontane-Preis), den sie aber ablehnte, weil ihn vorher ein Autor erhalten hatte, der einst in der SS war. Sie starb 1975 in Zürich. Im soeben erschienenen Gedichte-Teil der im Insel-Verlag herausgegebenen Kanonbibliothek der deutschen Literatur kann man neue (wunderbare) Gedichte von Mascha Kaléko finden.

Zwei ganz andere Beispiele: Ein Satiriker von Format, wenn auch ein ganz anderes Talent als Tucholsky oder Kästner, ist der Österreicher Ernst Jandl, der im Jahre 2000 starb. Ich schätze auch den Satiriker Robert Gernhardt, Jahrgang 1937, der seit den siebziger Jahren publiziert, doch ihm wurde spät, als er schon über sechzig Jahre alt war, die ihm längst gebührende Anerkennung zuteil.

*Hat das literarische Werk Gertrude Steins Einfluß auf spätere Schriftsteller gehabt?*

Ich bin nicht sicher, ob das originelle, freilich auch höchst extravagante Werk von Gertrude Stein einen realen, einen nachweisbaren Einfluß auf die jüngere oder auch mittlere Generation der heutigen Schriftsteller ausübt. Avantgardistische Autoren, die sich besonders extremer Mittel bedienen, können bisweilen eine große literarhistorische Rolle spielen, geraten jedoch in der Regel rasch in Vergessenheit.

Ganz sicher aber scheint mir, daß die in den zwanziger und

dreißiger Jahren im Pariser Salon der Gertrude Stein verkehrenden Schriftsteller, zumal die jüngeren Amerikaner (Hemingway, Fitzgerald, Dos Passos, Anderson), viel von ihr gelernt haben, was manche, so Hemingway, zuzugeben bereit waren. Das berühmteste Wort der Gertrude Stein (»Ihr seid alle von einer verlorenen Generation«) hat Hemingway popularisiert, wenn nicht, vielleicht, erfunden.
Ich weiß, daß Fontane erst in späten Jahren seinen Schreibstil entwickelt hat. Ist die Kunst des Schreibens eine Gabe oder etwas, das man erlernen kann?

*Wie beurteilen Sie Friedrich Torberg, zumal seinen Roman »Der Schüler Gerber«?*

Friedrich Torberg, der 1908 in Wien geboren wurde und 1979 in Wien gestorben ist, hat ein halbes Jahrhundert als Einzelgänger demonstriert, was ihm oft verübelt wurde: Unabhängigkeit. Er war immer ein engagierter Schriftsteller, der allen Ideologien mißtraute, einer, der mit Leidenschaft und Humor für Gerechtigkeit und Meinungsfreiheit kämpfte.
In seiner großen Zeit war er eine Wiener Institution, ein österreichisches Wunder und ein deutsches Ärgernis. Denn ihm gelang es, Unvereinbares zu vereinen: Er war ein Querkopf mit Esprit, ein gutmütiger Eiferer, ein witziger Fanatiker, ein Humorist mit missionarischen Tönen.
Befragt, was er denn eigentlich sei, pflegte Torberg zu antworten: ein europäischer, ein deutscher, ein österreichischer, ein jüdischer Schriftsteller. Deutsch war die Sprache, die er vorzüglich handhabte, österreichisch die literarische Tradition, an die er immer wieder anknüpfte, jüdisch das ethische Fundament, dem er sich verpflichtet fühlte. Und europäisch?

Nun ja, auf Europa berufen sich gern jene Heimatlosen, deren einzige wirkliche Heimat der Geist ist, die Literatur. Seine literarische Laufbahn begann früh und stand unter einem glücklichen Stern: Max Brod war sein Mentor und Förderer. Er schickte ein Romanmanuskript des einundzwanzigjährigen Torberg dem Zsolnay-Verlag, wo das Buch 1930 unter dem Titel »Der Schüler Gerber hat absolviert« erschien. Eine ganze Generation hat in diesem Roman ihre Erlebnisse wiedererkannt. Es wurde ein Welterfolg, ein vergleichbarer war Torberg nie wieder vergönnt.

Der »Schüler Gerber« ist ein typischer Erstling jener Zeit: stark autobiographisch, sentimental und keß, pathetisch und kühl zugleich. Torberg schilderte mit Wut und Verve das tragisch endende Schicksal eines jungen, frühreifen Menschen, der, von sadistischen Lehrern schikaniert, schließlich an sich selber verzweifelt. Die Auseinandersetzung mit dem Gymnasium geht in ein suggestives Gleichnis über: Hier wird mehr als die Schule kritisiert, nämlich die Gesellschaft, die Welt der Erwachsenen.

In seinen späteren Romanen und Novellen, in denen er sich als traditioneller Erzähler erwies, blieb Torberg ohne Erfolg. Eine Wiener Institution war er doch nicht als Epiker, sondern vor allem als Publizist. Groß war seine Leistung als Herausgeber der von ihm gegründeten Zeitschrift »Forum«, die er von 1954 bis 1965 mit Temperament und Umsicht redigierte.

Aus dieser Zeit stammen auch die meisten jener kleinen journalistischen Arbeiten, die Torberg berühmt und berüchtigt gemacht haben – vor allem Pamphlete, Parodien und Postskripta sowie die Theaterkritiken.

Am Ende seines Lebens konnte er noch einmal einen großen Erfolg verbuchen: Zwei Sammlungen der von ihm überlieferten und nacherzählten Anekdoten, Witze und Schnurren (»Tante Jolesch« und die »Erben der Tante Jolesch«) landeten auf den Bestsellerlisten.

Aber machen wir uns nichts vor: Torbergs Werk ist heute vergessen, auch in Österreich ist es wohl nicht mehr im Bewußtsein der Leserschaft. Das gilt für den »Schüler Gerber« ebenfalls. Das Buch ist längst verblaßt. Und man braucht sich nicht zu wundern. Einen Zeitabschnitt von 75 Jahren können nur geniale oder doch außergewöhnliche Romane überleben.

*Was halten Sie von Balzac? Welche seiner Romane sind besonders lesenswert?*

Dieser Balzac, dieser vierschrötige Mann, der aussah wie ein Athlet – er war schon ein Kerl sondergleichen. In seiner Jugend schrieb er Kolportageromane, die nicht viel Geld brachten. Dann versuchte er sich als Verleger und Druckereiunternehmer und scheiterte kläglich. Er hatte nun enorme Schulden und verfaßte, um sie zu tilgen, ernstgemeinte Bücher. Trotz der Nähe zur Hintertreppenliteratur erfreuten sie sich rasch großer Beliebtheit. Trotz oder vielleicht wegen dieser Nähe?

Jedenfalls schuf Balzac, dessen Phantasie keine Grenzen hatte, ein bisher noch nie dagewesenes Universum: Er erzählte von Abenteuern und Intrigen, von Liebe und Glück, von Macht und Geld, von schlauen Bauern, skrupellosen Bankiers, heuchlerischen Geistlichen und edlen Kurtisanen, von intelligenten Schiebern, korrupten Politikern und zynischen Journalisten. Er arbeitete unermüdlich an einem riesigen Zyklus mit dem Titel »La Comédie Humaine«. In der Tat:

Nichts Menschliches war ihm fremd. In meiner Jugend habe ich von Balzac sieben oder acht Romane gelesen. Ich war begeistert. Besonders eingeprägt hat sich mir »Eugénie Grandet«. Es ist die Geschichte eines fleißigen und geizigen Kleinbürgers und dessen schöner, empfindsamer Tochter. Vater Grandet organisiert seinen wirtschaftlichen und gesellschaftlichen Aufstieg gut und genau. Was er wollte, hat er verwirklicht, er ist nun ein reicher und mächtiger Mann. Aber die Rechnung geht nicht auf. Denn da gibt es einen Faktor, der von ihm nicht eingeplant wurde: Seiner Tochter widerfährt, woran er nie im Leben auch nur gedacht hat. Sie verliebt sich. Doch noch stärker haben mich – und dies für das ganze Leben – die beiden Romane beeindruckt, in deren Mittelpunkt Lucien de Rubempré steht: »Verlorene Illusionen« und »Glanz und Elend der Kurtisanen«. Diese Romane spielen vorwiegend in Paris, dargestellt werden nahezu alle Gesellschaftsschichten. Rubempré ist ein der Provinz entflohener ehrgeiziger Dichter, der sich auch als Kritiker und Journalist betätigt und der schließlich nach allerlei Affären Selbstmord verübt. Der Roman »Verlorene Illusionen« gilt als einer der Höhepunkte der französischen Literatur. Von Oscar Wilde stammt das Wort: »Der Tod des Lucien de Rubempré war eine der größten Tragödien meines Lebens.« Der Einfluß Balzacs auf die nach ihm gekommenen großen Epiker Frankreichs – Flaubert, Zola, Maupassant, Proust – ist kaum zu überschätzen.

Als ich im Herbst 1938 in Berlin verhaftet und aus Deutschland deportiert wurde, durfte ich kein Gepäck mitnehmen. In meiner Aktentasche befand sich nur ein Ersatztaschentuch und ein Buch. Es war ein Roman, den ich gerade las – Balzacs »Eine Frau von dreißig Jahren«, nicht eines seiner besten Bücher. Hervorragend hingegen sein »Vater Goriot«.

*Darf man Übersetzungen literarischer Werke stark kürzen? Ich las kürzlich eine ungefähr halbierte Fassung der »Anna Karenina« und fand sie wunderbar. Bei einem Buch wie »Moby Dick« würde man sich doch auch wünschen, daß manche Längen gestrichen werden.*

Ich habe Verständnis für diese in der Tat wichtige Frage. Auch ich habe bisweilen an den philosophischen oder wissenschaftlichen oder auch publizistischen Darlegungen gelitten, oft auch an langwierigen Überlegungen über aktuelle politische Fragen und historische Probleme – in der »Anna Karenina«, in »Krieg und Frieden«, in manchen Romanen von Dostojewskij oder Balzac. Dennoch bin ich unbedingt dagegen, daß man derartige Meisterwerke der Weltliteratur kürzt.

Zunächst einmal: Wer sollte das machen? Kenner der russischen oder französischen Literatur oder Verlagslektoren oder ganz einfach bewährte Kritiker? Wenn man fünf bekannte Persönlichkeiten mit einer solchen Aufgabe betraute, würden – dessen bin ich sicher – fünf verschiedene Fassungen des jeweiligen Romans entstehen. Für welche sollte man sich entscheiden? Eine Kompromißlösung suchen?

Ferner: Wenn uns heute ein Abschnitt oder ein Kapitel in einem klassischen, einem berühmten Roman überflüssig scheint, so ist noch gar nicht sicher, daß die Leser in zwanzig oder fünfzig Jahren ebenfalls dieser Ansicht sein werden. Soll jede Generation die »Brüder Karamasow« oder den »Idioten« auf ihre Art und Weise zusammenstreichen und zurechtmachen? Sollen die großen Romane von Generation zu Generation geändert werden? Wollen wir auch den »Werther« und die »Wahlverwandtschaften« kürzen und vielleicht bearbeiten? Wie wäre es, wenn man aus Werthers Lotte eine

ordinäre, dreckige Nutte machte? Das sei absurd? Keineswegs.
Neulich sah ich in Frankfurt ein Theaterstück, dessen Titel, wie dem Programm zu entnehmen war, »Egmont« lautete und das angeblich von Goethe stammte. Doch von Goethes Text war kaum etwas geblieben, und die Figuren waren nicht wiederzuerkennen. Klärchen, eine der schönsten Gestalten der deutschen Literatur, war ein ungewöhnlich schmutziges, ordinäres Mädchen, Egmont ein Landstreicher, der den Kopfstand übte, Brackenburg, einst ein schüchterner Mensch, versuchte, es mit Klärchen zu treiben, was ihm nicht gelang, weshalb er sich prompt der Mutter des Mädchens zuwandte und sie vergewaltigte. Die berühmte Liebesszene endete damit, daß sich Klärchen und Egmont gegenseitig mit Dreck und Matsch bewarfen. Es war ein widerlicher Anblick. Beinahe hätte ich mich übergeben.
Wann wird man den deutschen Regisseuren (ich weiß schon: nicht allen, doch vielen) das Handwerk legen? Vorerst werden deutsche Dramen kaputtgemacht, aber wenn wir nicht scharf aufpassen, werden sich Leute finden, die die besten deutschen Romane zerstören. Also sollte man sich widersetzen, wenn man erst einmal ausländische Romane kürzen will.

*Das zwanzigste Jahrhundert war nicht gerade zum Lachen. Dennoch die Frage: Welche sind Ihrer Ansicht nach die bedeutenderen Romane des vergangenen Jahrhunderts, die geprägt sind von Humor, Witz, Ironie, Komik?*

Also bitte: Thomas Mann, »Buddenbrooks«, »Bekenntnisse des Hochstaplers Felix Krull«, »Der Erwählte«. Heinrich Mann, »Professor Unrat«, »Der Untertan«. Kurt Tucholsky, »Schloß Gripsholm«. Erich Kästner, »Fabian«, »Emil und die Detektive«. Günter Grass, »Die Blechtrommel«.
Reicht das vorerst? Darf ich mich setzen?

*Was halten Sie von Karl Kraus? Haben Sie ein bestimmtes Verhältnis zu Karl Kraus, als Schriftsteller oder als Gesellschaftskritiker?*

Seine Bewunderer feiern ihn als einen genialen Dichter und als einen einsamen Missionar und Weltenrichter, als Seher und Propheten. Kraus war ein Autokrat und duldete niemanden neben sich, es sei denn seine getreuen und devoten Anhänger. Auf die freilich mochte er um keinen Preis der Welt verzichten. Denn wie er nicht leben konnte, ohne zu hassen, so konnte er auch nicht hassen, ohne stets aufs neue bewundert zu werden.
Ursprünglich hatte Kraus Schauspieler werden wollen. Und wie ein Komödiant gierte er unentwegt nach Zustimmung und Anerkennung, nach Applaus. In großen und kleinen Städten sprach und sang er vor einem überwiegend aus seinen Lesern bestehenden und meist andächtig lauschenden Publikum Shakespeare-Dramen, Offenbach-Operetten, Nestroy-Possen und natürlich auch und vor allem eigene Texte.

Während seiner Auftritte war er auf der Bühne immer nur allein zu sehen. Der Klavierbegleiter mußte hinter einem Wandschirm verborgen bleiben.

Eitelkeit und Geltungssucht dieses Schriftstellers kannten keine Grenzen, sein Ehrgeiz wurde nur von seiner Selbstgerechtigkeit übertroffen. Er war nie imstande oder auch nur bemüht, sich selber, sein Werk und seine Funktion kritisch zu sehen. Nie wollte er einen Irrtum zugeben, nie seine (oft haarsträubenden) Ansichten korrigieren. Er war geistreich, doch nur selten einsichtig und vernünftig. Er hatte viel Witz und wenig Humor. Scharfsinn war ihm gegeben, aber keine Weisheit. Sein Spott und seine Ironie waren so zielsicher wie aggressiv. Doch das, was man bei den Satirikern der Weltliteratur stets findet, sucht man bei ihm vergeblich: Selbstironie. Karl Kraus lebte von 1874 bis 1936, und will man das Dogma, das er verkündete, auf eine Formel bringen, dann könnte diese lauten: Erlösung durch Sprachkritik. Ethik und Ästhetik bedingen sich in seiner Sicht gegenseitig, seine moralische Radikalität ergab sich aus seiner sprachlichen Sensibilität. Seine Glossen und Pamphlete, Dialoge und Kabarettszenen beziehen Witz und Wirkung eben aus der Sprache. Sie war das Angriffsmittel, mit dem er virtuos umzugehen wußte. Die Sprache war sein wichtigstes und oft genug sein einziges Argument. In seinem gigantischen Drama »Die letzten Tage der Menschheit« treten Hunderte von Gestalten auf; nahezu jede wird durch die Sprache, die sie spricht, scharf karikiert und unbarmherzig kompromittiert. Es gibt keinen anderen Schriftsteller des 20. Jahrhunderts, von dem sich mit gleichem Recht sagen ließe, daß seine Sprachkritik immer auch Gesellschaftskritik ist und seine Gesellschaftskritik sich stets als Sprachkritik erweist.

Allerdings hat sich Kraus um ein sinnvolles Verhältnis zwischen den Mitteln seiner Satire und ihren Gegenständen nie kümmern wollen: Ob ein Sprachschnitzer oder ein Justizmord, eine törichte Zeitungsannonce oder ein Kapitalverbrechen, ein falsches Komma oder der Ausbruch des Weltkriegs – alles wurde von ihm mit dem gleichen Rigorismus bekämpft. Bisweilen bedrohte er mit einem gewaltigen Schwert Mücken und Fliegen.
Letztlich war für Karl Kraus die Polemik wichtiger als die Sache. Der Haß, der aus seinen Invektiven spricht, trägt durchaus pathologische Züge. Hinter den Anklagen von Karl Kraus verbergen sich, wie gelegentlich vermutet wurde, unbewußte Selbstanklagen: Um sich nicht selber verachten und hassen zu müssen, habe er seine Feinde verachtet und gehaßt. Das ist auch der Hintergrund, der die eindeutig antisemitischen Elemente seines Werks erklären kann. Der Jude Karl Kraus hat die jüdische Religionsgemeinschaft 1899 verlassen. 1911 trat er der katholischen Kirche bei, 1923 trennte er sich wieder von ihr. Der Grund: Die Kirche hat dem von Karl Kraus verachteten Regisseur Max Reinhardt erlaubt, in der Salzburger Kollegienkirche ein Drama eines von Kraus ebenfalls und noch intensiver verachteten österreichischen Autors aufzuführen. Es handelte sich um Hugo von Hofmannsthal.

Daß Kraus in seiner Auseinandersetzung mit der österreichischen Gegenwart die Juden nicht aussparen wollte, ist durchaus verständlich: Sie werden unerbittlich verspottet und karikiert. Doch war seine schriftstellerische Energie nicht auch, sondern vor allem gegen Juden gerichtet. Für alles Unheil in der Gegenwart machte er mit kindisch anmutender Borniertheit die Presse verantwortlich. Doch kritisierte er weniger die reaktionären Zeitungen als vor allem jene liberalen

Blätter, die damals meist in jüdischen Händen waren. Diese Presse sei, erläuterte Kraus, ungleich intelligenter und daher auch ungleich gefährlicher.

Sein Kampf gegen die Presse meinte das Jüdische oder, richtiger gesagt, was er für das Jüdische hielt. Aber Kraus war das, was er am meisten verabscheute und am häufigsten bekämpfte: ein jüdischer Journalist. Und seine Wurzeln sind, auch wenn er dies wohl nicht gewußt hat oder nicht wissen wollte, im Judentum, in der Welt des Alten Testaments zu sehen. Dies gilt ebenso für seinen Gerechtigkeitsfanatismus wie für seine Wortgläubigkeit. Den österreichischen Antisemiten waren seine Satiren sehr willkommen, und es konnte Karl Kraus schwerlich überraschen, wie leicht sie sich mißbrauchen ließen. Der jüdische Selbsthaß feierte in seinen Schriften wahre Orgien. Erst spät, als Hitler in Deutschland bereits an der Macht war, sah Kraus, wozu auch er sein Scherflein beigetragen hatte.

Wie auch immer: Ein Schriftsteller von hoher Qualität war er mit Sicherheit. In der Kanonbibliothek der deutschen Literatur ist er im unlängst erschienenen Lyrikteil mit vier Gedichten vertreten (denn ein hochbeachtlicher Lyriker war er auch) und im essayistischen Teil, der im März 2006 veröffentlicht wird, mit drei Aufsätzen.

## *Nachwort*

Oh, was für langweilige, uniformierte Post wird den Literaturredakteuren des Landes normalerweise in ihre Redaktionen geschickt. Massenweise Maschinenbriefe, die im öden Ton routinierter Werbetexter auf ständig neue Neuerscheinungen verweisen. Unnütze Leserbriefe, die den Zyklus des immer Neuen am Laufen halten und allesamt ohne Zwischenstopp auf dem Schreibtisch des Redakteurs direkt in den Papierkorb wandern. In der Literaturredaktion der Frankfurter Allgemeinen Sonntagszeitung ist das seit drei Jahren anders. Seit wir die Leser aufgefordert haben, an Marcel Reich-Ranicki zu schreiben, ihm schriftlich ihre Fragen zu stellen, liegt fast jeden Tag zwischen all den Unsinnsbriefen mindestens ein echter Brief. Man sieht es ihnen schon von weitem an, es wird »Stichwort Sonntagsfrage« auf dem Umschlag stehen, das Codewort, um zu dem Mann vorzudringen, um den es geht. Die Briefe tragen alle ein Sonntagskleid. Stecken in Umschlägen, die vor langer Zeit für besondere Anlässe gekauft wurden, aus dickem blauen Papier oder sogenannter Elefantenhaut, marmoriert oder strahlend weiß mit Sondermarke immer ausreichend frankiert. Adresse und Absender, vorne gut sichtbar, sind mit Schreibmaschine geschrieben oder mit dem Füller. Man schickt keine schnellen Zettelchen, wenn man an Marcel Reich-Ranicki schreibt, man ist verdammt noch mal gut angezogen und hat sich vorbereitet. Das sind die Sonntagsbriefe. Viele Fragen kommen auch per E-Mail ins Haus, aber selbst diese sind nicht, wie sonst bei diesem eiligen Mitteilungsmedium üblich, mit unüberprüfter Orthographie gedankenlos schnell hingehuschelt, nein, selbst die E-mails wirken wie mit Tinte geschrieben, sind ordentlich, durchdacht und ehrenvoll. E-Mails an Reich-Ranicki.

Was dieser Mann den Menschen ist, was er ihnen bedeutet, habe ich erst ganz verstanden, seit ich diese Briefe öffnen darf, seit ich Vermittler sein darf zwischen den Lesern und Marcel Reich-Ranicki. Daß die Menschen ihn bewundern und verehren, ja, so abstrakt war das seit dem Riesenerfolg des Literarischen Quartetts damals wohl jedem klar, und auch auf Lesungen, Vorträgen und Diskussionsveranstaltungen mit Reich-Ranicki kann man diese Bewunderung und Verehrung spüren. Aber es bleibt natürlich immer eine große Distanz zur öffentlichen Person, die nicht zu überwinden ist. In diesen Briefen wird sie überwunden. Wie gesagt, anständig, im Sonntagsanzug, aber doch privat und sehr, sehr persönlich. Jeder Brief erzählt eine persönliche Geschichte, die jeder einzelne Leser mit Reich-Ranicki hat, und erzählt von dem Glück, das es bedeutet, eine kleine Audienz zu bekommen, eine Audienz beim Literaturpapst, seine Aufmerksamkeit für einige Minuten. Und es ist nicht nur Bewunderung und Ratsuche, die man in den meisten dieser Briefe findet, nein, vor allem ist es Liebe. Die Geschichte zwischen Marcel Reich-Ranicki und seinen Lesern ist eine Liebesgeschichte.

»Sie bereichern mein Leben, und ich hoffe, daß ich mich noch lange über Sie freuen kann«, beginnt so ein Brief. Oder »Sehr geehrter Herr Professor, als leidenschaftliche Leserin seit frühester Kindheit an habe ich stets mit größtem Interesse Ihr leider nicht mehr bestehendes Literarisches Quartett verfolgt«, oder »Ich bin begeisterte Leserin (49 Jahre) ihrer Rubrik ›Sonntagsfragen‹ und kaufe, ehrlich gesagt, jeden Sonntag die ›Frankfurter Allgemeine‹ wegen ihrer interessanten und aufbauenden Rubrik.« Und die Briefe, die dann folgen, erzählen von Liebesgeschichten, von Streit in der

Familie, Krankheitsgeschichten, Lebens- und Lesegeschichten. Die Menschen wollen alles wissen: wie dieses Gedicht Eichendorffs zu verstehen sei, ob sie jenes Gedicht Günter Eichs richtig verstanden haben, wenn sie es wie folgt interpretieren, und fügen ein zweiseitiges Schreiben an, sie wollen wissen, ob die Formulierung »gleichgültige Jahreszeit« aus der »Königlichen Hoheit« Thomas Manns grammatisch eigentlich korrekt sei, es sei darüber ein Streit zwischen Großmutter und Enkel entbrannt. Oder sie bedanken sich einfach, bekennen durch Reich-Ranicki zum Lyrikfreund geworden zu sein, und legen, »als Dankeschön«, eine kleine »fotografische Interpretation von Heines ›Fräulein am Meer‹« mit bei. Ja, die Leser lieben ihn, und die Liebe nimmt nicht ab, die Briefe nehmen nicht ab. Sie werden eher noch mehr.
Am Anfang nutzten viele Leser auch die Möglichkeit, endlich einmal ihr begonnenes Roman-Manuskript, ihre persönliche Gedichtsammlung, eine kleine Erzählung einzusenden, was wir, durch Veröffentlichung der zudringlichsten Schreiben auf einer Sonderseite unter der Überschrift »Wenn Leser zu viel schreiben«, immerhin etwas eindämmen konnten.
Es war am Anfang nicht ganz leicht, das Gespräch zwischen Reich-Ranicki und den Lesern in für beide Seiten erfreuliche Bahnen zu lenken. Zu persönlich waren viele Zuschriften, zu ausufernd, zu privat und zu speziell. »Wissen Sie was, Herr Weidermann«, stöhnte Marcel Reich-Ranicki dann am Telefon, wenn ich ihm einmal wieder die Fragen der Woche per Fax zusammengestellt hatte, »das sind erbärmliche Fragen! Was soll ich darauf antworten?« Immer wieder fragten die Menschen, warum dieser Schriftsteller vergessen sei oder jener nicht mehr gelesen werde, das sei doch sehr schade und kaum zu glauben. »Ja, was soll ich sagen? Er ist eben

schon seit hundert Jahren tot, in den Regalen muß Platz geschaffen werden für die neuen Bücher. Da kann man nichts machen. Soll ich das wirklich jede Woche schreiben?« fragte er.

Doch seit einer ganzen Weile ist das Gespräch ein wirklicher Dialog. Es kommen immer noch mehr Fragen, die Leser wissen inzwischen, welche Art Nachfrage in der Zeitung zu beantworten ist, wie man eine echte, also öffentliche Audienz bekommt. Einige sind geradezu Profis. Gerade im Internet gibt es Leser, die wöchentlich eine Frage formulieren. Stefan Wolters aus Mönchengladbach ist zumindest mir, als Zwischenbote, mit der Zeit schon richtig ans Herz gewachsen.

Und er, Marcel Reich-Ranicki, ist den Lesern ans Herz gewachsen. Er ist ein Lebensbegleiter. Wie wohl kein Literaturkritiker vor ihm. »Lieber, sehr verehrter Herr Reich-Ranicki«, schreibt eine Dame aus Frankfurt, »nach einem Unfall (einer schweren Gehirnverletzung) 2004 und der damit verbundenen Aphasie, lernte ich die Sprache wieder am besten durch das Lesen von Büchern. Über einfache Kinderbücher, über Erich Kästner war es ein langer Weg bis zu Ihren Erinnerungen ›Mein Leben‹. Das Buch hat mich sehr beeindruckt«, schreibt sie und wünscht nun Rat für das weitere Lesen, das weitere Gesunden. Es ist ein Jammer, daß viele dieser Briefe unbeantwortet bleiben müssen. An die 2000 Zuschriften sind in den drei Jahren angekommen. Es übersteigt die Kraft auch eines Marcel Reich-Ranicki, sie alle zu beantworten.

So viele Glücks- und Sehnsuchtsbotschaften, so viele Briefe des Lesens, des Lebens und der Ratsuche, so viele Antworten, von dem Mann, dem die Menschen vertrauen, von dem sie beinahe alles wissen wollen und der jede Woche ein bißchen mehr verrät.

*Volker Weidermann*

*Nachbemerkung*

Der vorliegende Band versammelt 99 Fragen und Antworten aus der erfolgreichen Kolumne »Fragen Sie Reich-Ranicki«, die am 16. Februar 2003 in der Sonntagszeitung der Frankfurter Allgemeinen startete.
Für diese Buchausgabe wurden Doppelfragen in einer Kolumne doppelt gezählt, und ebenso wurden Fragen, die von einer auf die andere Woche wiederholt wurden, weil die Antwort für eine Kolumne zu umfangreich ausgefallen wäre, zweifach gerechnet.
In der Zeitung haben reale Personen die Fragen gestellt. Da diese jedoch von Marcel Reich-Ranicki in der Regel gekürzt und erheblich redigiert wurden, haben wir hier von der Nennung der Namen und Daten abgesehen.
Die Auswahl erstreckt sich über fast zwei Jahre, sie reicht vom Februar 2003 bis zum November 2005.

*Hans-Joachim Simm*

## Marcel Reich-Ranicki
## im Insel Verlag

**Begegnungen mit Marcel Reich-Ranicki.** it 3145. 199 Seiten

**Bertolt Brecht, Der Mond über Soho.** 66 Gedichte mit Interpretationen. Herausgegeben von Marcel Reich-Ranicki. Gebunden und it 3207. 279 Seiten.

1400 **Deutsche Gedichte und ihre Interpretationen.** Herausgegeben von Marcel Reich-Ranicki.
Zwölf Bände in Kassette. 6704 Seiten

**Frankfurter Anthologie**. Gedichte und Interpretationen. Herausgegeben von Marcel Reich-Ranicki. 28 Bände mit Leseband. 28. Band. 320 Seiten. Gebunden

**Heinrich Heine, Ich hab im Traum geweinet**. 44 Gedichte mit Interpretationen. Herausgegeben von Marcel Reich-Ranicki. it 2740. 224 Seiten

**Hundert Gedichte des Jahrhunderts.** Mit Interpretationen. Ausgewählt von Marcel Reich-Ranicki. 480 Seiten. Gebunden

**Johann Wolfgang Goethe, Alle Freuden, die unendlichen.** Liebesgedichte und Interpretationen. Herausgegeben von Marcel Reich-Ranicki. IB 1028. 184 Seiten

**Johann Wolfgang Goethe, Verweile doch.** 111 Gedichte mit Interpretationen. Herausgegeben von Marcel Reich-Ranicki. 311 Seiten. Gebunden und it 1775. 512 Seiten

NF 703/1/3.06

NF 703/2/3.06

**Rainer Maria Rilke, Und ist ein Fest geworden.** 33 Gedichte mit Interpretationen. Herausgegeben von Marcel Reich-Ranicki. it 2611. 160 Seiten

**Teofila und Marcel Reich-Ranicki, »Wir sitzen alle im gleichen Zug«.** Bilder und Texte. Herausgegeben von Hans-Joachim Simm. IB 1239. 128 Seiten

**Über die Liebe.** Gedichte und Interpretationen aus der ›Frankfurter Anthologie‹. Herausgegeben von Marcel Reich-Ranicki. it 794. 346 Seiten

NF 703/3/3.06

## Klassische deutsche Literatur im insel taschenbuch Eine Auswahl

**Georg Büchner.** Sämtliche Werke. Die kommentierte Ausgabe des Deutschen Klassiker Verlages. Zwei Bände in Kassette im insel taschenbuch. Herausgegeben von Henri Poschmann unter Mitarbeit von Rosemarie Poschmann. 2320 Seiten

**Wilhelm Busch.** Gedichte. Ausgewählt von Theo Schlee. Mit Illustrationen von Wilhelm Busch. it 2531. 195 Seiten

**Annette von Droste-Hülshoff**

- Der Distel mystische Rose. Gedichte und Prosa. Ausgewählt von Werner Fritsch. it 2193. 170 Seiten
- Die Judenbuche. Ein Sittengemälde aus dem gebirgichten Westfalen. Mit Illustrationen von Max Unold. it 399. 128 Seiten. it 3096. 108 Seiten
- Liebesgedichte. Ausgewählt von Werner Fritsch. it 2876. 136 Seiten
- Sämtliche Erzählungen. Herausgegeben von Manfred Häckel. it 1521. 234 Seiten
- Sämtliche Gedichte. Nachwort von Ricarda Huch. it 1092. 750 Seiten

**Marie von Ebner-Eschenbach.** Dorf- und Schloßgeschichten. Ausgewählt und mit einem Nachwort versehen von Joseph Peter Strelka. it 1272. 390 Seiten

**Joseph Freiherr von Eichendorff**

- Aus dem Leben eines Taugenichts. Mit Illustrationen von Adolf Schrödter und einem Nachwort von Ansgar Hillach. it 202. 154 Seiten

NF 26/1/3.06

- Gedichte. Mit Zeichnungen von Otto Ubbelohde. Herausgegeben von Traude Dienel. it 255. 163 Seiten
- Gedichte. In chronologischer Folge herausgegeben von Hartwig Schultz. it 1060. 268 Seiten
- Liebesgedichte. Herausgegeben von Wilfried Lutz. it 2591. 219 Seiten
- Novellen und Gedichte. Ausgewählt und eingeleitet von Hermann Hesse. it 360. 325 Seiten
- Sämtliche Gedichte und Versepen. Herausgegeben von Hartwig Schultz. it 3158. 752 Seiten

**Theodor Fontane**
- Briefe an Georg Friedlaender. Herausgegeben und mit einem Nachwort von Walter Hettche. Mit einem Essay von Thomas Mann. it 1565. 486 Seiten
- Effi Briest. Mit 21 Lithographien von Max Liebermann. it 138 und it 2811. 354 Seiten
- Ein Leben in Briefen. Ausgewählt und herausgegeben von Otto Drude. it 540. 518 Seiten
- Ein Sommer in London. Mit einem Nachwort von Harald Raykowski. it 1723. 252 Seiten
- Fontane für Gestreßte. Ausgewählt von Otto Drude. it 3030. 106 Seiten
- Frau Jenny Treibel oder »Wo sich Herz zum Herzen findt«. Roman. Mit einem Nachwort von Richard Brinkmann. it 746 und it 2952. 269 Seiten
- Gedichte. Ausgewählt und mit einem Nachwort von Rüdiger Görner. it 2221. 200 Seiten
- Die Gedichte. Herausgegeben von Otto Drude. it 2684. 751 Seiten
- Grete Minde. Nach einer altmärkischen Chronik. Mit einem Nachwort von Peter Demetz. it 1157. 154 Seiten
- Meine Kinderjahre. Autobiographischer Roman. Mit einem Nachwort von Otto Drude. Mit Illustrationen und Abbildungen. it 705. 276 Seiten

NF 26/2/3.06

- Der Stechlin. Mit einem Nachwort von Walter Müller-Seidel. it 152. 504 Seiten
- Unterm Birnbaum. Erzählung. Mit einem Nachwort von Otto Drude. Großdruck. it 2428. 192 Seiten

**Georg Forster.** Reise um die Welt. Herausgegeben und mit einem Nachwort von Gerhard Steiner. it 757. 1039 Seiten

**Johann Wolfgang Goethe**
- Elegie von Marienbad. it 1250. 128 Seiten
- Erotische Gedichte. Gedichte, Skizzen und Fragmente. Herausgegeben von Andreas Ammer. it 1225. 246 Seiten
- Faust. Text und Kommentar. Herausgegeben von Albrecht Schöne. Zwei Bände in Kassette. it 3000. 1976 Seiten
- Gedichte. Sämtliche Gedichte in zeitlicher Folge. Herausgegeben von Heinz Nicolai. it 2281. 1264 Seiten
- Gedichte in zeitlicher Folge. Herausgegeben von Heinz Nicolai. it 1400. 1249 Seiten
- Gedichte in Handschriften. Fünfzig Gedichte Goethes. Ausgewählt und erläutert von Karl Eibl. it 2175. 288 Seiten
- Goethe für Gestreßte. Ausgewählt von Walter Hinck. it 1900. 132 Seiten
- Goethe, unser Zeitgenosse. Über Fremdes und Eigenes. Herausgegeben von Siegfried Unseld. it 1425. 154 Seiten
- Italienische Reise. Mit Zeichnungen des Autors. Herausgegeben und mit einem Nachwort von Christoph Michel. it 175. 808 Seiten
- Das Leben, es ist gut. Hundert Gedichte. Ausgewählt von Siegfried Unseld. it 2000. 204 Seiten
- Die Leiden des jungen Werther. it 2775. 170 Seiten
- Liebesgedichte. Ausgwählt von Karl Eibl. it 2825. 128 Seiten
- Märchen. Der neue Paris. Die neue Melusine. Das Märchen. Herausgegeben von Katharina Mommsen. it 2287. 232 Seiten

NF 26/3/3.06

- Maximen und Reflexionen. Text der Ausgabe von 1907 mit der Einleitung Max Heckers. Nachwort Isabella Kuhn. it 200. 370 Seiten
- Novelle. Herausgegeben von Peter Höfle. it 2625. 80 Seiten
- Novellen. Herausgegeben und mit einem Nachwort von Katharina Mommsen. Mit Zeichnungen von Max Liebermann. it 425. 293 Seiten
- Ob ich dich liebe weiß ich nicht. Liebesgedichte. Herausgegeben von Karl Eibl. Großdruck. it 2396. 175 Seiten
- Tagebuch der Italienischen Reise 1786. Notizen und Briefe aus Italien. Mit Skizzen und Zeichnungen des Autors. Herausgegeben und erläutert von Christoph Michel. it 176. 402 Seiten
- Verweile doch. 111 Gedichte mit Interpretation. Herausgegeben von Marcel Reich-Ranicki. it 1775. 512 Seiten
- Die Wahlverwandtschaften. Ein Roman. it 1. 333 Seiten. it 2950. 314 Seiten
- West-östlicher Divan. Mit Essays zum »Divan« von Hugo von Hofmannsthal, Oskar Loerke und Karl Krolow. Herausgegeben von Hans-J. Weitz. it 75. 400 Seiten

**Wilhelm Hauff**
- Die Geschichte von dem kleinen Muck. Mit Illustrationen von Fritz Fischer und einem Nachwort von Ludwig Harig. it 2867. 94 Seiten
- Märchen. Herausgegeben von Bernhard Zeller. Mit Illustrationen von Theodor Weber, Theodor Hosemann und Ludwig Burger. it 216. 480 Seiten
- Das Wirtshaus im Spessart. Eine Erzählung. it 2584. 202 Seiten

**Heinrich Heine**
- Buch der Lieder. Mit zeitgenössischen Illustrationen und einem Nachwort von E. Galley. it 33. 322 Seiten

NF 26/4/3.06

- Deutschland. Ein Wintermärchen. Mit einem Nachwort von Thomas Rosenlöcher. it 3153. 136 Seiten
- Heine für Gestreßte. Ausgewählt von Joseph Anton Kruse. it 3155. 112 Seiten
- Liebesgedichte. Ausgewählt von Thomas Brasch. it 2822. 96 Seiten
- Mein Leben. Autobiographische Texte. Ausgewählt von Joseph Anton Kruse. Mit zahlreichen Abbildungen. it 3154. 208 Seiten
- Der Rabbi von Bacherach. Ein Fragment. Mit einem Nachwort von Joseph A. Kruse. Großdruck. it 2426. 120 Seiten
- Sämtliche Gedichte in zeitlicher Folge. Herausgegeben von Klaus Briegleb. it 1963. 917 Seiten
- Späte Gedichte und Lyrik aus dem Nachlaß. Herausgegeben von Joseph A. Kruse und Marianne Tilch. it 3036. 320 Seiten

**Johann Gottfried Herder.** Lieder der Liebe. it 2643. 120 Seiten

**E. T. A. Hoffmann**
- Die Abenteuer der Silvester-Nacht. Mit farbigen Illustrationen von Monika Wurmdobler. it 798. 81 Seiten
- Die Elixiere des Teufels. Mit Illustrationen von Hugo Steiner-Prag. it 304. 349 Seiten
- Das Fräulein von Scuderi. Erzählung aus dem Zeitalter Ludwigs des Vierzehnten. Mit Illustraionen von Lutz Siebert. it 410. 127 Seiten
- Lebensansichten des Katers Murr, nebst fragmentarischer Biographie des Kapellmeisters Johannes Kreisler in zufälligen Makulaturblättern. Mit Illustrationen von Maximilian Liebenwein. it 168. 506 Seiten
- Der Sandmann. Mit Illustrationen von Hugo Steiner-Prag und einem Nachwort von Jochen Schmidt. it 934. 84 Seiten

NF 26/5/3.06

**Friedrich Hölderlin**
- Hyperion oder Der Eremit in Griechenland. Herausgegeben und mit einem Nachwort versehen von Jochen Schmidt. it 365. 240 Seiten
- Sämtliche Gedichte und Hyperion. Herausgegeben von Jochen Schmidt. it 2796. 667 Seiten
- Die schönsten Gedichte. Ausgewählt und mit einem Nachwort versehen von Jochen Schmidt. it 1508. 128 Seiten

**Alexander von Humboldt.** Die Kosmos-Vorträge 1827/28 in der Berliner Singakademie. Herausgegeben von Jürgen Hamel und Klaus-Harro Tiemann in Zusammenarbeit mit Martin Pape. it 3065. 233 Seiten

**Gottfried Keller**
- Der grüne Heinrich. Erste Fassung. Mit Zeichnungen Gottfried Kellers und seiner Freunde. Zwei Bände. it 335. 874 Seiten. it 2944. 960 Seiten
- Die Leute von Seldwyla. Vollständige Ausgabe der Novellensammlung. Mit einem Nachwort von Gerhard Kaiser. it 958. 732 Seiten
- Romeo und Julia auf dem Dorfe. Mit einem Nachwort von Klaus Jeziorkowski. it 756. 139 Seiten
- Das Sinngedicht. Novellen. Mit einem Essay von Gerhard Kaiser und ausgewählten Abbildungen. it 2708. 335 Seiten
- Spiegel, das Kätzchen. Ein Märchen. it 2768. 92 Seiten

**Heinrich von Kleist**
- Michael Kohlhaas. Aus einer alten Chronik. Nachwort von Jochen Schmidt. it 1352. 172 Seiten
- Sämtliche Erzählungen. it 2862. 336 Seiten
- Jakob Michael Reinhold Lenz. Werke und Briefe in drei Bänden. Herausgegeben und mit einem Essay von Sigrid Damm. it 3159. 2750 Seiten

NF 26/6/3.06